T0311442

Birkhäuser

Baukonstruktionen
Band 6

Herausgegeben von
Anton Pech

Anton Pech
Andreas Kolbitsch

Keller

zweite, aktualisierte Auflage

unter Mitarbeit von
Franz Zach

Birkhäuser
Basel

FH-Hon.Prof. Dipl.-Ing. Dr. techn. Anton Pech
Univ.-Prof. Dipl.-Ing. Dr. techn. Andreas Kolbitsch
A-Wien

unter Mitarbeit von
Dipl.-Ing. Dr. techn. Franz Zach
A-Wien

Acquisitions Editor: David Marold, Birkhäuser Verlag, A-Wien
Content & Production Editor: Bettina R. Algieri, Birkhäuser Verlag, A-Wien
Korrektorat: Monika Paff, D-Langenfeld
Layout und Satz: Dr. Pech Ziviltechniker GmbH, A-Wien
Reihencover: Floyd Schulze
Druck: BELTZ, D-Bad Langensalza

Library of Congress Control Number: 2021936966

Bibliografische Information der Deutschen Nationalbibliothek
Die Deutsche Nationalbibliothek verzeichnet diese Publikation in der Deutschen Nationalbibliografie;
detaillierte bibliografische Daten sind im Internet über http://dnb.dnb.de abrufbar.

Der Abdruck der zitierten ÖNORMen erfolgt mit Genehmigung des Austrian Standards Institute (ASI),
Heinestraße 38, 1020 Wien.
Benutzungshinweis: ASI Austrian Standards Institute, Heinestraße 38, 1020 Wien.
Tel.: +43-1-21300-300, E-Mail: sales@austrian-standards.at

Fehler können passieren! Um etwaige Korrekturen schon vor der Neuauflage einzusehen, gehen Sie bitte
auf www.zt-pech.at und navigieren Sie zur Titelseite Ihres Buches. Dort finden Sie, falls Druckfehler
bekannt sind, unter dem Inhaltsverzeichnis den Link „Druckfehlerberichtigung". Laden Sie dort Ihr
Korrektur-PDF für die aktuelle Auflage des Bandes herunter.

1. Auflage, Springer 2006
2., aktualisierte Auflage 2021:
ISBN 978-3-0356-2136-5
e-ISBN (PDF) 978-3-0356-2137-2
ISSN 1614-1288

© 2021 Birkhäuser Verlag GmbH, Basel
Postfach 44, 4009 Basel, Schweiz
Ein Unternehmen der Walter de Gruyter GmbH, Berlin/Boston

9 8 7 6 5 4 3 2   www.birkhauser.com

Vorwort

zur 1. Auflage

Die Fachbuchreihe Baukonstruktionen mit ihren 17 Basisbänden stellt eine Zusammenfassung des derzeitigen technischen Wissens bei der Errichtung von Bauwerken des Hochbaues dar. Es wird versucht, mit einfachen Zusammenhängen oft komplexe Bereiche des Bauwesens zu erläutern und mit zahlreichen Plänen, Skizzen und Bildern zu veranschaulichen.

Unter dem anschließenden Gelände liegende Bauteile stellen aufgrund der besonderen Einwirkungen und Randbedingungen spezielle Anforderungen an Planung und Bauausführung. Im vorliegenden Band „Keller" wird daher ausführlich auf die maßgebenden mechanischen Einwirkungen und bauphysikalischen Anforderungen eingegangen. Ein Hauptabschnitt ist dem Feuchtigkeitsschutz erdberührter Bauteile gewidmet. Dieses Thema wird ausgehend von den Grundlagen bis zur Entwicklung von exemplarischen Detaillösungen besonders ausführlich behandelt. Die Planung und Ausstattung von Schutzräumen werden in einem eigenen Abschnitt aufgrund aktueller Vorgaben dargestellt. Durch die in den letzten Jahren wiederkehrenden Überschwemmungen sind auch Planungsgrundsätze für Objekte in Hochwassergebieten angeführt.

Der Herausgeber

zur 2. Auflage

Nachdem die Fachbuchreihe Baukonstruktionen mit ihren 17 Basisbänden eine Zusammenfassung des derzeitigen technischen Wissens bei der Errichtung von Bauwerken des Hochbaus darstellen soll, waren durch die Änderungen an der Normung und den gesetzlichen Vorgaben Anpassungen der Inhalte erforderlich. Das Ziel der Fachbuchreihe ist weiterhin, mit einfachen Zusammenhängen oft komplexe Bereiche des Bauwesens zu erläutern und mit zahlreichen Plänen, Skizzen und Bildern darzustellen und zu veranschaulichen.

Wie schon im Vorwort zur ersten Auflage beschrieben, sind Bauteile im Keller vielfältigen Anforderungen unterworfen und werden in der Bauausführung meist unterschätzt, wodurch leider zahlreiche Bauschäden resultieren. Um dem entgegenzuwirken, wurden die Anforderungen beispielsweise an weiße und braune Wannen in den letzten Jahren präzisiert und auch die Normung zur Bauwerksabdichtung überarbeitet. Auch wenn das derzeitige Bedrohungsszenario keinen Bau von Schutzräumen vorschreibt, werden die Anforderungen an derartige Bauteile weiterhin dargestellt.

Der Herausgeber

Fachbuchreihe BAUKONSTRUKTIONEN

Inhaltsverzeichnis Band 6: Keller

Funktion und Anforderung

Um ein den heutigen Ansprüchen entsprechendes Wohnen mit zeitgemäßer Wohnqualität zu ermöglichen, sind im Allgemeinen auch „Zubehörräume" notwendig. Diese ermöglichen z. B. die dauerhafte Lagerung von Vorräten und Brennstoffen, darüber hinaus ist auch die Unterbringung einer zentralen Warmwasserbereitung oder von Freizeiteinrichtungen wie Hobbyräumen, Schwimmbädern, Saunen und Werkstätten möglich. Bei mehrgeschoßigen Bauwerken, aber auch bei Einfamilienhäusern werden diese Flächen unter Berücksichtigung einer optimalen Nutzung der Grundfläche vorzugsweise im Keller angeordnet.

„Zubehörräume" tragen zur Wohnqualität bei.

Entwurfskriterien

An Kellerräume und deren raumumschließende Bauteile werden abhängig von der Nutzung unterschiedliche Anforderungen gestellt, die bereits beim Entwurf zu berücksichtigen sind.

Nutzungsmöglichkeiten – Raumarten

Viele der nutzungsrelevanten Anforderungen sind in den verschiedenen Landesbauordnungen bzw. Bautechnikverordnungen verankert und werden im Rahmen der Baubewilligungsverfahren dargestellt und überwacht. Sie beziehen sich in der Regel auf die Tragfähigkeit, den Feuchtigkeits-, Schall-, Brand- und Wärmeschutz sowie die Belichtung und Belüftung. Da die Bauordnungen im Hoheitsbereich der einzelnen Bundesländer sind, können diese Anforderungen bundesweit unterschiedlich sein, allerdings sind sie durch die OIB-Richtlinien heute weitgehend harmonisiert.

Abbildung 060|1-01: Zusammenwirken von Anforderung und Nutzung

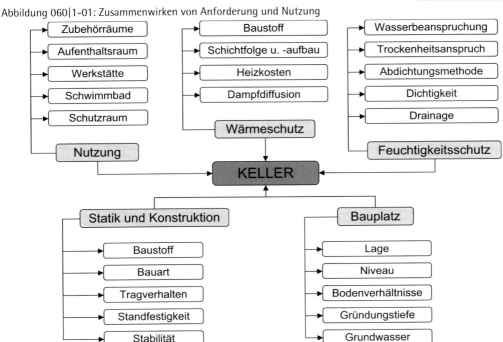

Lage und Verlauf des Terrains bestimmen die Ausbildung und Nutzbarkeit des Kellergeschoßes. Einen wesentlichen Bestandteil der Planung stellen dabei ausreichende Belichtung und Belüftung der Räume dar, so sie als Aufenthaltsräume nutzbar sein sollen. Die dafür zu beachtenden Kriterien betreffen die Lage des Kellerfußbodens bzw. die Fensterfläche und die zu belichtende Fläche. Liegen die Kellerfenster unterhalb des Niveaus, so sind Lichtschächte anzuordnen. Hinsichtlich der Belichtung ist diese Variante allerdings kaum ausreichend. Weiters ist zu bedenken, dass Lichtschächte einen Schwachpunkt in der Wirksamkeit der vertikalen Feuchtigkeitsabdichtung darstellen können. Liegen die Kellerfenster über Niveau, so ist eine effiziente Belichtung und Belüftung gewährleistet, es können aber Probleme zufolge notwendiger Außentreppen zum Erdgeschoßniveau sowie architektonischer Kriterien durch die Ausbildung eines hohen Gebäudesockels entstehen.

Sollen Kellerräume als Aufenthaltsräume nutzbar sein, müssen sie ausreichend belichtet und belüftet sein.

Abbildung 060|1-02: Verlauf des Terrains

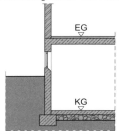 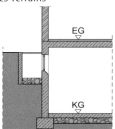 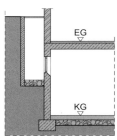

Tabelle 060|1-01: Nutzungsspezifische Anforderungen an Umschließungsbauteile

Nutzung	Raumklima	Außenbauteile	Boden	Trennbauteile
Brenn-stofflager	meist keine besonderen Anforderungen	meist keine besonderen Anforderungen	abhängig von der Art des Lagergutes	Wärmedämmung abhängig von Nutzung der angrenzenden Räume
Fitness-räume	beheizbar, gute Lüftung	gute Wärmedämmung, wenn möglich direkte Belichtung und Belüftung	wärmegedämmt, fußwarm	Wärmedämmung abhängig von Nutzung der angrenzenden Räume
Sauna	nutzungs-spezifisch	hohe Wärmedämmung, Anschlüsse für Belüftung	hohe Wärmedämmung	hohe Wärmedämmung
Schutz-raum	nutzungs-spezifisch	vor allem statische Anforderungen	siehe Abschnitt „Schutzräume"	siehe Grundrisslösungen im Abschnitt „Schutzräume"
Schwimm-bad	beheizbar, gute Lüftung	gute Wärmedämmung, Verhinderung von Oberflächenkondensat, wenn möglich direkte Belichtung und Belüftung	hohe Wärme-dämmung, nutzungs-spezifische Oberfläche	Wärmedämmung abhängig von Nutzung der angrenzenden Räume
Vorrats-lager	abhängig vom Lagergut	Ausnutzung der Speichermasse des Erdreichs, Wärmedämmung nur im oberflächennahen Bereich	nutzungsspezifisch, gegebenenfalls Lehmboden	Wärmedämmung abhängig von Nutzung der angrenzenden Räume
Werkstatt, Hauswirt-schafts-räume	beheizbar, gute Lüftung	gute Wärmedämmung, wenn möglich direkte Belichtung und Belüftung	wärmegedämmt, strapazierfähiger und leicht zu reinigender Belag	gute Schalldämmung, Wärmedämmung abhängig von Nutzung der angrenzenden Räume

Die Anforderungen müssen auf die einzelnen Nutzungsvarianten abgestimmt werden. Lagerräume für Lebensmittel sind, hinsichtlich der hygienischen Kriterien, mit dem oft typischen Bodenbelag aus Fliesen auszustatten. Im Gegensatz dazu schafft in einem Weinkeller ein Lehmboden ein hervorragendes Lagerklima. Wesentlich ist der Hinweis, dass die Art der Abdichtung mit der Nutzung abgestimmt werden sollte. Wohnräume im Keller sind bei Ausführung als weiße Wanne besonders problembehaftet und sollten nur in Ausnahmefällen realisiert werden.

Die Anforderungen müssen auf die einzelnen Nutzungsvarianten abgestimmt werden.

Tabelle 060|1-02: Innenklimatische Nutzungsanforderungen

Raumtyp	Innentemperatur t_i [°C]	relative Luftfeuchtigkeit [%]
Räume mit zeitweise direkter Verbindung zur Außenluft (Garagen, Müllräume)	zeitweise auf Außentemperatur abgesenkt, sonst nutzungsabhängig	nutzungsabhängig, teilweise schwankend
unbeheizte Kellerräume (Lagerräume, Abstellräume)	$t_i \geq 0$ °C (in der Regel über 6 °C)	keine besonderen Anforderungen, jedoch ist die Vermeidung von Oberflächenkondensat anzustreben
zeitweise beheizte Kellerräume (Werkstätten, Hobbyräume, Fitnessräume)	t_i = 18 bis 20 °C während der Nutzung, sonst keine Vorgaben	zeitweise höhere Luftfeuchtigkeit, vor allem in Fitnessräumen (r. L. >50 %)
dauernd beheizte Kellerräume (Betriebsräume, Wohnräume)	t_i = 18 bis 22 °C	nutzungsabhängig bis 60 %
Räume mit besonderen innenklimatischen Vorgaben (Waschküchen, Bäder)	nutzungsabhängig, zeitweise bis 30 °C	nutzungsabhängig, kurzfristig über 70 %

Teilunterkellerung

060|1|1|2

Eine Teilunterkellerung des Gebäudes ist praktisch nur bei eingeschoßigen Bauwerken sinnvoll, da hier die weniger hochwertig nutzbaren Kellerräume einen merkbaren Anteil an den Gesamtgebäudekosten ausmachen. Die Nachteile einer Teilunterkellerung – unterschiedliche Gebäudelasten bei unterschiedlichen Gründungstiefen bewirken unterschiedliche Setzungen – sollten jedoch bei derartigen Überlegungen keinesfalls außer Acht gelassen werden. Bei Fundierung mit unterschiedlichen Gründungshorizonten – sei es durch Nichtunterkellerung eines Gebäudeteiles oder durch Hanglage – ist besondere Rücksicht auf die Standsicherheit sowie die Frostsicherheit der höher gelegenen Gründungen zu legen (siehe Band 3: Gründungen [8]). Die unterschiedlichen Gründungshorizonte müssen jedenfalls durch entsprechende Maßnahmen wie z. B. eine Abtreppung der Fundamentunterkanten ausgeglichen werden.

Nachteile einer Teilunterkellerung müssen durch entsprechende Maßnahmen ausgeglichen werden.

Abbildung 060|1-03: Ausbildung der Fundamentunterkante bei Hanglage

entsprechend der Geländeneigung abgetreppt

Teilunterkellerung

Fundamentkante horizontal

Erschließung der Kellerräume

060|1|1|3

Kellertreppen zur Erschließung der Kellerräume liegen meist unter der Haupttreppe des Gebäudes bzw. sind ein Teil des Treppenhauses. In Einfamilienhäusern werden diese Treppen oft weniger aufwändig gestaltet ausgeführt. Dem Wunsch nach Sparsamkeit tragen schon die von den Bauordnungen festgelegten Steigungsverhältnisse der OIB-Richtlinie 4 [42] Rechnung. Sofern es die räumlichen Gegebenheiten zulassen, sollte zusätzlich zur Kellertreppe ein außen liegender, so genannter „Schmutzeingang" vorgesehen werden, um das Erdgeschoß nicht durch den Transport von Brennmaterial, Gartengeräten oder Ähnlichem zu verschmutzen.

Lager- und Heizräume

060|1|1|4

Brennstofflager sollten, sofern es die Raumverhältnisse zulassen, so groß sein, dass ein Jahresvorrat an Brennmaterial eingelagert werden kann. Somit ergibt sich die Lagerfläche als Funktion des Jahresenergiebedarfes. Lagerräume für feste Brennstoffe müssen aus brandbeständigen Umfassungsbauteilen hergestellt werden, Lagerräume für flüssige Brennstoffe in Tanks erfordern die Ausbildung einer dichten Wanne mit ausreichendem Auffangvolumen (höchstmögliches eingelagertes Brennstoffvolumen pro Kammer) für im Gebrechensfall austretende Flüssigkeit. Behälter für flüssige Brennstoffe sind so anzuordnen, dass ihre Außenflächen inspiziert (eingesehen) werden können. Für Pelletslagerräume regelt die ÖNORM EN ISO 20023 [80] die Anforderungen an die bauliche Ausbildung und die Ausstattung.

Heizräume sollten leicht erreichbar und zugänglich in der Nähe der Kellertreppe angeordnet werden, der Abgasfang ist jedoch grundsätzlich nicht an einer Außenmauer zu situieren. Um Lärm- oder sonstige Belästigungen, meist zufolge Körperschallemissionen, zu vermeiden, sollte der Heizraum möglichst nicht unter Wohn- oder Schlafräumen liegen. Die Umfassungsbauteile müssen brandbeständig ausgebildet werden, der Fußboden darf nicht aus brennbaren Materialien bestehen.

Umfassungsbauteile und Fußböden von Heizräumen müssen brandbeständig ausgebildet werden.

Heizkesselanlagen mit den dazugehörigen Komponenten wie Heizwasserverteiler, Heizwasserumwälzpumpen, Regelgeräten und Ausdehnungsanlage für das Heizwasser werden bei Nutzung fester und flüssiger Brennstoffe vorzugsweise in Nähe der Brennstofflagerräume untergebracht. Die Versorgung von Feuerungsanlagen mit Verbrennungsluft ist bei allen Witterungsbedingungen sicherzustellen und darf – z. B. auch durch Schneefall – nicht verlegt werden. Für Wartungs- und Reparaturarbeiten sollten Heizungskessel von allen Seiten zugänglich bleiben. Bei Einsatz gasförmiger Brennstoffe ist in der Hausanschlussleitung außerhalb des Gebäudes eine erdverlegte Absperreinrichtung einzubauen. Nach Einführung der Hausanschlussleitung in das Gebäude oder im Heizraum ist für die Gaszufuhr eine Hauptabsperreinrichtung anzuordnen (siehe Band 15: Heizung und Kühlung [13]).

Für Wartungs- und Reparaturarbeiten sollten Heizungskessel von allen Seiten zugänglich bleiben.

Lagerräume von Brennstoffen und Heizräume dürfen nicht durch Türen direkt miteinander verbunden sein. Vor Heizräumen mit einer höheren Heizleistung kann die Situierung einer Schleuse erforderlich werden. Die Türen sind brandhemmend auszubilden und müssen in Fluchtrichtung aufschlagen.

Tabelle 060|1-03: Platzbedarf – Richtwerte für Heizkesselräume [14]

Wärmeleistung			Grundfläche für Kesselraum	Grundfläche für Verteilerraum	Raumhöhe
[MW]			[m²]	[m²]	[m]
0,00	bis	0,10	~ 6		~ 3,0
0,10	bis	0,40	~ 25	~ 10	~ 3,0
0,40	bis	1,20	~ 70	~ 30	~ 4,0
1,20	bis	4,00	~ 120	~ 70	~ 5,0

Wärmeschutz

060|1|2

Die gesetzlichen Bestimmungen für den baulichen Wärmeschutz sind in den Bauordnungen der einzelnen Bundesländer bzw. der OIB-Richtlinie 6 [44] enthalten. Bei einem freistehenden Einfamilienhaus in herkömmlicher Bauweise mit konventionellen Baumaterialien und einem unbeheizten und ungedämmten Keller entweichen bis zu 20 % der gesamten Heizenergie durch die Kellerdecke. Angesichts dieser Tatsache ist zur Verminderung des Heizenergiebedarfs in den Erdgeschoßräumen auf eine gute Wärmedämmung der Kellerdecke und der Kellerdeckenstirnseite zu achten, im Besonderen jedoch über Garagen und bei Verwendung von Fußbodenheizungen.

Gesetzliche Bestimmungen für den baulichen Wärmeschutz sind in den Bauordnungen der Bundesländer bzw. der OIB-Richtlinie 6 enthalten.

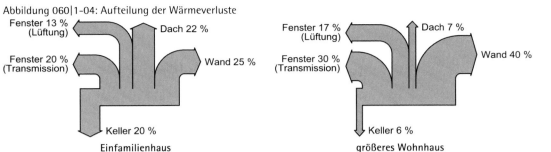
Abbildung 060|1-04: Aufteilung der Wärmeverluste

| Einfamilienhaus | größeres Wohnhaus |

- Fenster 13 % (Lüftung)
- Fenster 20 % (Transmission)
- Dach 22 %
- Wand 25 %
- Keller 20 %
- Einfamilienhaus

- Fenster 17 % (Lüftung)
- Fenster 30 % (Transmission)
- Dach 7 %
- Wand 40 %
- Keller 6 %
- größeres Wohnhaus

Wärmeschutz bei nicht beheizbaren Kellerräumen

Abhängig von Gebäudegröße und Bauart entweichen zwischen 6 und 20 % der gesamten Heizenergie durch die Kellerdecke. Aufgrund dieser Tatsache wird für Decken über unbeheizten Kellerräumen eine ausreichende Wärmedämmung gefordert, einerseits, um diesen Wärmeabfluss zu vermindern, und andererseits, um die Fußbodentemperatur der Aufenthaltsräume über dem Keller im Behaglichkeitsbereich zu halten. Besondere Bedeutung gewinnt diese Anforderung für Decken über Kellerräumen, die zumindest zeitweise mit der Außenluft in direkter Verbindung stehen und wo das Temperaturgefälle dadurch größer wird. Dazu zählen die Einfahrtsbereiche von Garagen sowie Müllräume. Dies bedingt – unabhängig von den jeweils zu beachtenden Bauvorschriften – höhere Dämmstärken. Gleiches gilt für Erdgeschoßräume mit einer Fußbodenheizung. Für Kellerdecken mit herkömmlichen Fußbodenkonstruktionen (schwimmende Estriche oder Holzfußböden) sind zur Einhaltung der höchstzulässigen U-Werte Wärmedämmstoffdicken nach Tabelle 060|2-06 zu verwenden. Zur Vermeidung von Wärmebrücken ist auch bei unbeheizten Kellerräumen die Wärmedämmung der Außenwand über den Sockelbereich nach unten zu ziehen und eine Dämmschürze von 0,5 bis 1,0 m im Inneren anzubringen. Für den Fall, dass das Erdgeschoß gegenüber dem Kellergeschoß auskragt, ist unter dem auskragenden Bereich eine außen liegende zusätzliche Dämmung (mit Überlappungsbereichen) vorzusehen.

Bei Kellerdecken als Trenndecken zu unbeheizten Gebäudeteilen sind die U-Werte der OIB-Richtlinie 6 [44] einzuhalten. Ergänzend ist festzuhalten, dass zur Vermeidung von Kondensatbildung im Inneren der Deckenkonstruktion die Anbringung eines Großteiles der Wärmedämmung an der Deckenunterseite anzustreben ist – die Trittschalldämmung muss auf jeden Fall in schalltechnisch ausreichender Stärke über der Rohdecke angeordnet werden.

Für Decken über unbeheizten Kellerräumen wird eine ausreichende Wärmedämmung gefordert.

Wärmeschutz bei beheizbaren Kellerräumen

Wärmetechnische Maßnahmen an den Kelleraußenwänden sind im Bereich untergeordneter Räume nicht erforderlich. Zur Energieeinsparung oder bei Räumen mit erhöhter Luftfeuchtigkeit und Temperatur kann eine Dämmung an der Kelleraußenwand notwendig sein, um z. B. die Bauteiltemperatur zu erhöhen. Dadurch wird bei warmer, feuchter Raumluft das Kondensationsrisiko an der kühlen Bauteiloberfläche gesenkt. Zur Vermeidung von Tauwasserbildung infolge Kondensation der Luftfeuchtigkeit an kalten Oberflächen bedarf es auch im Kellerbereich einer detaillierten Untersuchung. Dabei muss grundsätzlich zwischen dem Anfall

Zur Energieeinsparung kann eine Dämmung an der Kelleraußenwand notwendig sein.

von Tauwasser an großen Bauteilflächen und solchem an geometrischen Wärmebrücken unterschieden werden.

Bei Kelleraußenwänden von beheizten Kellerräumen ist zu beachten, dass die Wärmeverluste im erdoberflächennahen und außenluftberührten Bereich (Sockelbereich) wesentlich höher sind als im erdberührten Bereich. In einer Tiefe von etwa 2,5 m liegt die Temperatur des Erdreiches in der Regel nie unter +3 °C. Das erklärt sich durch die wärmedämmende Wirkung des Erdreichs und den durch das Wärmespeichervermögen bedingten Temperaturausgleich. Auf diesen Zusammenhang ist auch die höhenabhängige Abstufung der Wärmedämmung für Kelleraußenwände in einigen Vorschriften zurückzuführen. Es empfiehlt sich jedoch aus anwendungstechnischen Gründen, über die gesamte Kellerwandhöhe eine einheitliche Dämmstoffdicke zu wählen.

Hinsichtlich der Anordnung zusätzlicher Wärmedämmschichten bei Außenwänden kann man auch beim Kellermauerwerk folgende Möglichkeiten unterscheiden:

- Außendämmung
- Innendämmung
- Kerndämmung
- Manteldämmung

Schallschutz

060|1|3

Unter baulichem Schallschutz versteht man alle Maßnahmen, die zur Minderung des Schallpegels in Räumen innerhalb des Gebäudes führen, unabhängig davon, ob die störenden Geräusche außerhalb oder innerhalb des Gebäudes entstehen. Für den Bereich der Kellerräume ist vor allem Augenmerk zu legen auf:

- die Luftschalldämmung der Umschließungs- und Trennbauteile
- die Abschirmung von Körperschall (hauptsächlich Trittschall)
- die Geräuschminderung haustechnischer Anlagen

Speziell im Bereich von Hobby- und Werkräumen sollten erhöhte Anforderungen an den Schallschutz – sowohl Luftschall als auch Körperschall – gestellt werden, um keine unerwünschten Beeinträchtigungen in anliegenden Wohnräumen zu erhalten. Auch bei Treppenkonstruktionen ist bei unterschiedlichen Nutzern auf eine schalltechnische Trennung der Laufplatten zu achten (siehe Band 10: Treppen / Stiegen [12]).

Grundlage für den baulichen Schallschutz bilden die Bauordnungen der Bundesländer, die OIB-Richtlinie 5 [43] sowie in Österreich die ÖNORM B 8115 „Schallschutz und Raumakustik im Hochbau". In Teil 2 dieser Norm sind die Mindestschallschutzanforderungen für Außenbauteile in Abhängigkeit vom Außenlärmpegel und für Innenbauteile geregelt, wobei die Vorgaben Messwerte am Bauwerk betreffen (siehe Band 1: Bauphysik [6], Band 4: Wände [9]).

Um in Aufenthaltsräumen vor Lärmeinwirkung von außen geschützt zu sein, müssen die Außenwände eines Gebäudes eine ausreichende Luftschalldämmung aufweisen. Die Luftschalldämmung von massiven, näherungsweise homogenen Außenbauteilen hängt in erster Linie vom Flächengewicht ab, wobei zu beachten ist, dass die Luftschalldämmung durch Schallübertragung über flankierende Bauteile maßgebend vermindert werden kann. Anforderungen des Luftschallschutzes an die Außenwände von Kellern können wegen der massiven

Umschließungsbauteile praktisch immer erfüllt werden. Bei Aufenthaltsräumen im Keller sind daher vor allem die Außenfenster entsprechend auszuwählen. Ein weiteres zu beachtendes Kriterium stellt die mögliche Schallübertragung über die Außenwand als flankierenden Bauteil dar. Dies betrifft vor allem Wohnräume über Werkstätten und Heizräumen.

Hinsichtlich der Luftschalldämmung verhalten sich Massivdecken wie einschalige, massive Wände, Decken mit schwimmendem Estrich wie mehrschalige massive Wände. Während der erforderliche Luftschallschutz vielfach von der Rohdecke erfüllt wird, kann die für Kellerdecken geforderte Trittschalldämmung im Regelfall nur durch schallschutztechnisch hochwertige Fußbodenkonstruktionen (z. B. schwimmender Estrich oder schwimmender Holzfußboden auf weich federnder Zwischenlage) erreicht werden. Grundsätzlich sollten schwimmende Estriche auch in Kellerräumen zur Ausführung gelangen, da die Körperschallübertragung über die massiven Bauteile in andere Räume zu beachten ist. Besonders in Kellerräumen kommen vermehrt haustechnische Geräte zum Einsatz, die durch Vibrationen zu Körperschallerregungen und damit zur Beeinträchtigung in den darüber befindlichen Räumen führen können. Bei diesen Geräten ist besonderes Augenmerk auf eine entsprechende elastische und schalltechnisch günstige Lagerung zu legen.

Brandschutz

Für tragende Außenwände und Kellerdecken schreiben die Bauordnungen und die OIB-Richtlinie 2 [40] in der Regel brandbeständige Konstruktionen vor. Darüber hinaus gilt es im Besonderen, die baulichen Brandschutzbestimmungen für Heiz- und Brennstofflagerräume zu beachten.

Im Besonderen sind die baulichen Brandschutzbe-stimmungen für Heiz- und Brennstoff-lagerräume zu beachten.

- Wände und Decken brandbeständig
- Türen und Fenster brandhemmend
- Fußböden aus nichtbrennbarem Material
- ausreichende Be- und Entlüftung

Tabelle 060|1-04: Mineralische Baustoffe mit Brandwiderstandsklasse REI90

Bauteil / Bauart	Ausführung
Wände aus Hohlblocksteinen	Mindestdicke 17 cm mit einer Steindruckfestigkeit über 6 N/mm², Wandoberfläche beidseitig verputzt
Wände aus Beton	Mindestdicke 12 cm, ohne Hohlräume
Wände aus Ziegel	Mindestdicke 17 cm mit einer Steindruckfestigkeit über 5 N/mm², Wandoberfläche beidseitig verputzt
Decken aus Stahlbeton (statisch bestimmt gelagert)	mind. 10 cm dick, Betonüberdeckung der Stahleinlagen mind. 2,5 cm
Stahlbetonrippendecken ohne Füllkörper (statisch bestimmt gelagert)	mind. 12 cm breite Rippen, Betonüberdeckung der Hauptbewehrung mind. 3 cm
Stahlbetonrippendecken mit Füllkörpern aus nicht-brennbarem Material (statisch bestimmt gelagert)	mind. 10 cm breite Rippen

Die Einstufung des Feuerwiderstandes von Bauteilen erfolgte früher nach ÖNORM B 3800-4 [71], heute jedoch oftmals nur mittels Klassifizierungs-berichten nach ÖNORM EN 13501-1 [78]. Ohne besonderen Nachweis können die in Tabelle 060|1-04 enthaltenen tragenden Konstruktionen der Brand-widerstandsklasse REI90 zugeordnet werden.

Vorschriften und Bestimmungen

Wie an älteren, heute zumeist nicht mehr gültigen Bauordnungen noch zu erkennen ist, existieren für den Kellerbereich außer den Bestimmungen zum Wärme-, Schall- und Brandschutz noch zahlreiche weitere, die bei der Planung zu berücksichtigen sind. Aktuell sind die Bestimmungen weitgehend auf allgemeine Hinweise und Ziele reduziert, die mit den Regeln der europäischen Bauproduktenverordnung und deren Grundanforderungen an Bauwerke abgestimmt sind. Nachfolgend sind beispielhaft einige Bestimmungen angeführt.

Für den Kellerbereich existieren außer den Bestimmungen zum Wärme-, Schall- und Brandschutz noch zahlreiche weitere Verordnungen.

Bauordnung Wien [21]:

§ 80.   *Bebaute Fläche: (1) Als bebaute Fläche gilt die senkrechte Projektion des Gebäudes einschließlich aller raumbildenden oder raumergänzenden Vorbauten auf eine waagrechte Ebene; als raumbildend oder raumergänzend sind jene Bauteile anzusehen, die allseits baulich umschlossen sind oder bei denen die bauliche Umschließung an nur einer Seite fehlt. Unterirdische Gebäude oder Gebäudeteile bleiben bei der Ermittlung der bebauten Fläche außer Betracht.*

§ 83.   *Bauteile vor der Baulinie oder Straßenfluchtlinie: (1) Über die Baulinie oder Straßenfluchtlinie dürfen folgende Gebäudeteile vorragen: a) Keller- und Grundmauern bis zu 20 cm. ...*

§ 129a. *Auflassung von Hauskanälen; Abbruch von Bauwerken: (2) Beim Abbruch von Bauwerken ist auf den nach Maßgabe der geltenden Fluchtlinien zu den Verkehrsflächen entfallenden Grundflächen das Mauerwerk bis auf eine Tiefe von mindestens 60 cm unter der künftigen Straßenoberfläche zu entfernen. Die Kellergewölbe sind einzuschlagen und die Kellerräume mit einwandfreiem Material auszufüllen; die Ausfüllung ist fachgemäß zu verdichten. Die Behörde ist vom Beginn dieser Arbeiten zeitgerecht zu verständigen. Auch auf den übrigen Teilen der Grundflächen besteht über Auftrag der Behörde die Verpflichtung zum Einschlagen und Ausfüllen der Keller, wenn dies aus Gesundheits- oder aus Sicherheitsgründen notwendig ist und feststeht, daß die Keller für einen Neubau nicht wieder Verwendung finden können.*

OIB-Richtlinie 1 [39]: Mechanische Festigkeit und Standsicherheit

← OIB-Richtlinie 1 Mechanische Festigkeit und Standsicherheit

2.1.1   *Tragwerke sind so zu planen und herzustellen, dass sie eine ausreichende Tragfähigkeit, Gebrauchstauglichkeit und Dauerhaftigkeit aufweisen, um die Einwirkungen, denen das Bauwerk ausgesetzt ist, aufzunehmen und in den Boden abzutragen.*

2.1.2   *Für die Neuerrichtung von Tragwerken oder Tragwerksteilen ist dies jedenfalls erfüllt, wenn der Stand der Technik eingehalten wird. Die Zuverlässigkeit der Tragwerke hat den Anforderungen gemäß ÖNORM EN 1990 in Verbindung mit ÖNORM B 1990-1 zu genügen.*

OIB-Richtlinie 2 [40]: Brandschutz

← OIB-Richtlinie 2 Brandschutz

2.2.2   *Die für die Standsicherheit von Wänden und Decken erforderlichen aussteifenden und unterstützenden Bauteile müssen im Brandfall über jenen Zeitraum hindurch wirksam sein, welcher der für diese Wände und Decken geforderten Feuerwiderstandsdauer entspricht.*

3.1.2   *Brandabschnitte in unterirdischen Geschoßen dürfen eine maximale Netto-Grundfläche von 800 m² nicht überschreiten.*

3.7   *Feuerstätten und Verbindungsstücke*

3.7.1   *Feuerstätten und Verbindungsstücke dürfen in solchen Räumen nicht angeordnet werden, in denen nach Lage, Größe, Beschaffenheit oder Verwendungszweck Gefahren für Personen entstehen können (z. B. in Treppenhäusern; auf Gängen, ausgenommen innerhalb von Wohnungen; in nicht ausgebauten Dachräumen).*

8 | Funktion und Anforderung

3.7.2	Feuerstätten und Verbindungsstücke müssen von brennbaren Bauteilen, Bekleidungen und festen Einbauten einen solchen Abstand aufweisen oder so abgeschirmt sein, dass diese unter allen beim Betrieb auftretenden Temperaturen nicht entzündet werden können.
3.9	Räume mit erhöhter Brandgefahr
3.9.1	Heiz-, Brennstofflager-, Abfallsammel- und Batterieräume für stationäre Batterieanlagen gelten jedenfalls als Räume mit erhöhter Brandgefahr.
3.9.2	Wände und Decken von Räumen mit erhöhter Brandgefahr müssen in REI 90 bzw. EI 90 ausgeführt und raumseitig in A2 bekleidet sein. ...
3.9.3	Bodenbeläge in Heizräumen müssen A2$_{fl}$, in Abfallsammel- und Batterieräumen B$_{fl}$ entsprechen.
3.9.6	Räume, in denen feste Brennstoffe gelagert werden, sind innerhalb von Gebäudeteilen mit Aufenthaltsräumen als Brennstofflagerraum auszuführen, wenn
	a) die Netto-Grundfläche eines solchen Raumes mehr als 15 m² oder die Raumhöhe mehr als 3,00 m beträgt, oder
	b) mehr als 1,50 m³ feste Brennstoffe zur automatischen Beschickung der zugehörigen Feuerstätte gelagert werden, oder
	c) mehr als 15 m³ Pellets zur automatischen Beschickung von Feuerstätten in Gebäuden der Gebäudeklasse 1 bzw. Reihenhäusern der Gebäudeklasse 2 gelagert werden.
3.9.7	Eine gemeinsame Aufstellung von Behältern für feste Brennstoffe in Form von Pellets und der zugehörigen Feuerstätte mit einer Nennwärmeleistung von mehr als 50 kW und automatischer Beschickung in einem Heizraum ist zulässig, falls nicht mehr als 15 m³ gelagert werden und die Lagerbehälter durch geeignete Maßnahmen gegen gefahrbringende Erwärmung geschützt sind.
9	Garagen, überdachte Stellplätze und Parkdecks. Es gelten die Bestimmungen der OIB-Richtlinie 2.2 „Brandschutz bei Garagen, überdachten Stellplätzen und Parkdecks".

OIB-Richtlinie 3 [41]: Hygiene, Gesundheit und Umweltschutz

← **OIB-Richtlinie 3** Hygiene, Gesundheit und Umweltschutz

6.1	Schutz vor Feuchtigkeit aus dem Boden. Bauwerke mit Aufenthaltsräumen sowie sonstige Bauwerke, deren Verwendungszweck dies erfordert, müssen in all ihren Teilen gegen das Eindringen und Aufsteigen von Wasser und Feuchtigkeit aus dem Boden geschützt werden.
6.3	Vorsorge vor Überflutungen. Falls das Fußbodenniveau von Aufenthaltsräumen nicht über dem Niveau des hundertjährlichen Hochwasserereignisses liegt, muss Vorsorge für einen gleichwertigen Schutz gegen Überflutung getroffen werden.

OIB-Richtlinie 4 [42]: Nutzungssicherheit und Barrierefreiheit

← **OIB-Richtlinie 4** Nutzungssicherheit und Barrierefreiheit

2.3.1	Sind Personenaufzüge oder vertikale Hebeeinrichtungen für Personen erforderlich, sind alle Geschoße, einschließlich Eingangsniveau, Keller- und Garagengeschoße, miteinander zu verbinden. Bei Wohnungen, die sich über mehrere Ebenen erstrecken, muss zumindest die Eingangsebene angefahren werden. ...

OIB-Richtlinie 5 [43]: Schallschutz

← **OIB-Richtlinie 5** Schallschutz

2.3	Anforderungen an den Luftschallschutz innerhalb von Gebäuden: Wände, Decken und Einbauten zwischen Räumen sind so zu bemessen, dass bedingt durch die Schallübertragung durch den Trennbauteil und die Schall-Längsleitung z. B. der flankierenden Bauteile die folgenden Werte der bewerteten Standard-Schallpegeldifferenz $D_{nT,w}$ nicht unterschritten werden: - ohne Verbindung durch Türen, Fenster oder sonstige Öffnungen: 50 bis 55 dB - mit Verbindung durch Türen, Fenster oder sonstige Öffnungen: 35 bis 50 dB
2.6.1	Der durch den Betrieb von haustechnischen Anlagen aus anderen Nutzungs-einheiten entstehende maximale Anlagengeräuschpegel $LA_{Fmax,nT}$ darf bei gleichbleibenden und intermittierenden Geräuschen den Wert von 25 dB, bei

kurzzeitigen Geräuschen den Wert von 30 dB nicht überschreiten. Zu
Nebenräumen sind jeweils um 5 dB höhere Werte zulässig.

4.1 *In Gebäuden, Gebäudeteilen und anderen Bauwerken sind Maßnahmen zur*
Verhinderung der Übertragung von Schwingungen aus technischen
Einrichtungen und anderen Schwingungserregern derart zu treffen, dass keine
unzumutbaren Störungen durch Erschütterungen für Personen in
Aufenthaltsräumen desselben Gebäudes oder in Aufenthaltsräumen
benachbarter Gebäude auftreten.

OIB-Richtlinie 6 [44]: Energieeinsparung und Wärmeschutz

← OIB-Richtlinie 6
Energieeinsparung
und Wärmeschutz

4.4.1 *Beim Neubau eines Gebäudes oder Gebäudeteiles dürfen bei konditionierten*
Räumen folgende Wärmedurchgangskoeffizienten (U-Werte) nicht
überschritten werden:
- *WÄNDE und BÖDEN erdberührt: 0,40 W/m²K*
- *WÄNDE gegen unbeheizte, frostfrei zu haltende Gebäudeteile*
sowie gegen Garagen: 0,40 W/m²K
- *DECKEN gegen unbeheizte Gebäudeteile: 0,40 W/m²K*
- *DECKEN über Außenluft (z. B. über Durchfahrten, Parkdecks): 0,20 W/m²K*
- *DECKEN gegen Garagen: 0,30 W/m²K*

Keller in Hochwassergebieten

Durch außergewöhnliche Witterungsereignisse oder bei einem eventuellen
Zusammentreffen von Schneeschmelze und starken Niederschlägen können in
unregelmäßigen Zeitabständen Überschwemmungen oder zumindest ein
stärkerer Anstieg des Grundwasserspiegels entstehen. Hochwasserschutzmaßnahmen wie das Anlegen von Rückhaltebecken, die Förderung einer
natürlichen Gewässerentwicklung, Entsiegelungen und Regenwasserver-
sickerungen sowie die Errichtung von Dämmen und Deichen bieten für
Bauwerke in Risikogebieten keinen absoluten Schutz, sondern nur eine
Entschärfung der Situation. Für den gebäudebezogenen Hochwasserschutz
können grundsätzlich drei Gefahrenbereiche und deren Auswirkungen
unterschieden werden:

Der beste Schutz vor
Hochwasserein-
wirkungen ist die
Errichtung der
Bauwerke außerhalb
der vom Hochwasser
betroffenen Bereiche.

- **Standsicherheit des Bauwerkes:** Strömungskräfte, Wasserdrücke und der
  Auftrieb führen zu einer erhöhten Beanspruchung der Gründung und des
  Kellers und können im Extremfall zum Aufschwimmen oder zum Einsturz
  führen.

- **Eindringen von Wasser ins Gebäude:** Oberflächenwasser, Grundwasser und
  Rückstauwasser aus der Kanalisation verursachen Wasserschäden an der
  Bausubstanz.

- **Schäden an Außenbauteilen:** Durch Oberflächenwasser und das Grundwasser entstehen Beschädigungen an den Außenanlagen, im Extremfall
  können unterirdische Öltanks aufschwimmen und Leitungen undicht
  werden, wodurch auch ein ökologischer Schaden entsteht.

Oft steigt bei Hochwässern der Grundwasserspiegel im gleichen Maße. Für
Bauwerke ist dieser Anstieg gleichbedeutend mit einer Überschwemmung, da
der nunmehr erhöhte Wasserdruck eine größere Beanspruchung im
Kellerbereich verursacht. Die wirkungsvollste Maßnahme gegen Hochwasser-
einwirkungen ist grundsätzlich die Errichtung der Bauwerke außerhalb der vom
Hochwasser betroffenen Bereiche in erhöhter Lage. Hier ist die Raumordnung
gefordert, die grundsätzlich Bauland nur in nicht oder minder gefährdeten
Bereichen ausweisen sollte. Da dies nicht immer möglich ist, sind in gefährdeten
Gebieten geeignete gebäudebezogene Schutzmaßnahmen zu ergreifen.

Abbildung 060|1-05: Anstieg des Wasserdrucks

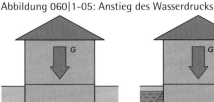
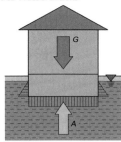
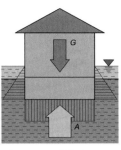

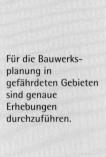

Für die Bauwerksplanung in gefährdeten Gebieten sind genaue Erhebungen durchzuführen und alle Informationen über die möglichen Wasserstände von den zuständigen Baubehörden einzuholen. Darauf basierend hat der Eigentümer sein Sicherheitsbedürfnis hinsichtlich Rohbau, Gebäudeausbau, Inneneinrichtung und Außenanlagen zu definieren und festzulegen, für welches Hochwasserereignis (Bemessungshochwasser) die Schutzmaßnahmen auszulegen sind.

Abbildung 060|1-06: Hochwasserschutzstrategien [16]

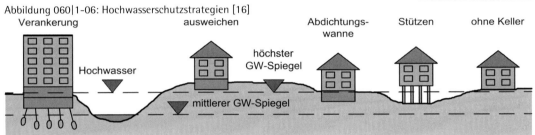

Für den Fall „Hochwasser" gibt es keine Normvorgaben, wobei auch die österreichischen Bauordnungen dahingehend keine Vorgaben machen. Als Bemessungsgrößen können extreme Hochwasserereignisse aus der jüngeren Vergangenheit oder Wasserstände auf Basis statistischer Untersuchungen dienen. Wird für ein Bauwerk beispielsweise ein 100-jährliches Hochwasser (HQ_{100}) angesetzt, das mit großer Wahrscheinlichkeit nur alle 100 Jahre einmal auftritt bzw. überschreitet, kann jedoch nicht ausgeschlossen werden, dass dieses Ereignis innerhalb weniger Jahre mehrfach auftritt. Je nach Art der geplanten Gebäudenutzung bzw. des verlangten Sicherheitsniveaus können sowohl höhere als auch geringere Hochwasserstände für die Dimensionierung herangezogen werden. Dabei ist immer zu bedenken, dass höhere Bemessungseinwirkungen (z. B. HQ_{1000}) auch höhere Errichtungskosten verursachen, jedoch der Ansatz geringer Einwirkungen (HQ_{50}) zu großen Schäden mit hohen Schadensbehebungskosten führen kann, welche auch über den höheren Errichtungskosten liegen können.

Bei den gebäudebezogenen Hochwasserschutzmaßnahmen kann nach der Wirkungsweise in zwei Kategorien unterschieden werden:

- **Dem Wasser widerstehen:** Es werden alle Maßnahmen gesetzt, die der vollständigen Verhinderung des Wassereintrittes dienen.
  - Auftriebssicherung des Bauwerkes
  - wasserdichte Ausbildung des Untergeschoßes

- Bauwerksabdichtung mindestens bis zum höchsten zu erwartenden Wasserspiegel
- Rückstausicherungen in Leitungen
- Höherlegen des Eingangs und der Fenster, wenn möglich keine tiefliegenden Öffnungen
- druckwasserdichte Abschlüsse tiefliegender Öffnungen

Ziele der gebäude-bezogenen Maßnahmen sind entweder dem Wasser widerstehen oder dem Wasser nachgeben.

- **Dem Wasser nachgeben:** Es werden Maßnahmen gesetzt, die der Schadensvermeidung bei planmäßiger Wassereindringung dienen.
  - Zentralen für Heizungs-, Elektro- und Telefonanschlüsse in den oberen Geschoßen
  - getrennte, wegschaltbare Installationskreisläufe für das Untergeschoß
  - Lichtschächte und Kellerfenster zur kontrollierten Flutung des Gebäudes
  - Einrichten eines Pumpensumpfes
  - keine hochwertige Nutzung in den unteren Geschoßen, nur leicht bewegliche Kleinmöbel oder feuchtigkeitsbeständige Einrichtungen
  - Verwendung wasserbeständiger Baustoffe

Abbildung 060|1-07: Wirkungsweise von Hochwasserschutzmaßnahmen [16]

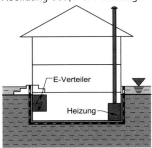 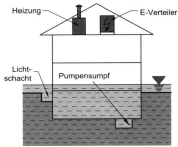

Widerstehen   Nachgeben

Vorrangiges Ziel ist üblicherweise das Verhindern oder zumindest das Begrenzen des Wassereintritts in das Gebäude.

Das Eindringen von Wasser in ein Gebäude stellt im Allgemeinen noch keine direkte Gefährdung der Standsicherheit dar, kann aber – wenn ungeplant – zu nachhaltigen Schäden am Gebäude und seiner Einrichtung führen. Vorrangiges Ziel gebäudebezogener Hochwasserschutzmaßnahmen ist also üblicherweise, den Wassereintritt in das Gebäude zu verhindern oder zumindest so lange zu begrenzen, als noch eine ausreichende Standsicherheit vorliegt.

Abbildung 060|1-08: Wassereindringmöglichkeiten in das Gebäude [16]

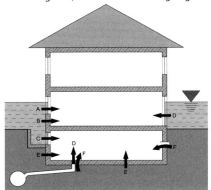

A   Oberflächenwasser durch Tür- und Fensteröffnungen
B   Oberflächenwasser infolge Durchsickerung durch die Außenwand
C   Oberflächenwasser durch Lichtschächte und Kellerfenster
D   Rückstauwasser durch Kanalisation
E   Grundwasser durch Kellerwände und Kellersohle
F   Grundwasser durch undichte Wanddurchdringungen

Besonders die richtige Baustoffwahl liefert einen entscheidenden Beitrag zur Begrenzung von Hochwasserschäden. Einerseits sind bevorzugt wasserbeständige Materialien einzusetzen und andererseits hohlraumfreie Bauweisen für Wände, Decken und Böden zu wählen.

Die Standsicherheit des Bauwerkes ist – ausgenommen bei erhöhtem Strömungsdruck, wenn sich das Gebäude direkt im Nahbereich eines Flusses befindet – hauptsächlich durch den Auftrieb gefährdet. Die Größe des Auftriebes hängt dabei vom durch das Bauwerk verdrängten Wasservolumen und somit von der Höhe des Wasserstandes ab. Für eine ausreichende Standsicherheit (Nachweis gegen Aufschwimmen, siehe Band 3: Gründungen [8]) muss bei intakter Gebäudeaussteifung das Eigengewicht des Gebäudes um mindestens 10 % größer als die höchste Auftriebskraft sein. Wird die Auftriebskraft größer, kommt es bei wasserdichten Gebäuden zum allmählichen Aufschwimmen oder zu Schiefstellungen, die bis zu einem teilweisen Einsturz führen können. In der Regel haben wasserdichte Gebäude mit nur wenigen Obergeschoßen nicht das erforderliche Eigengewicht, um gegen den Auftrieb bestehen zu können. In diesem Fall sind entweder Sondermaßnahmen zur Gewichtserhöhung wie dicke Bodenplatten aus Schwergewichtsbeton, Erdüberdeckungen unterirdischer Bauwerksbereiche, Gebäudeverankerungen in tiefere Bodenschichten oder aber eine Flutung vorzusehen.

Zur Begrenzung von Hochwasserschäden sind wasserbeständige Materialien einzusetzen und hohlraumfreie Bauweisen für Wände, Decken und Böden zu wählen.

Abbildung 060|1-09: Sondermaßnahmen zur Gewichtserhöhung

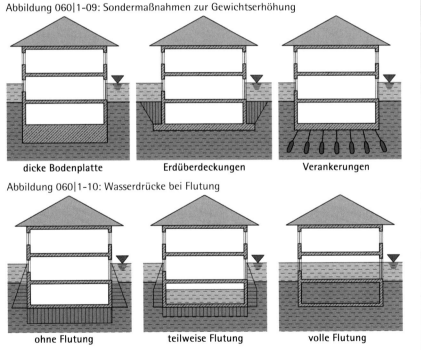

| dicke Bodenplatte | Erdüberdeckungen | Verankerungen |

Abbildung 060|1-10: Wasserdrücke bei Flutung

| ohne Flutung | teilweise Flutung | volle Flutung |

In Gebieten mit häufig wiederkehrenden Hochwässern und der Notwendigkeit einer Bauwerkserrichtung in diesen Zonen empfiehlt sich meist der Verzicht auf Keller- und voll genutzte Erdgeschoße und die Ausbildung des Baukörpers auf Stützen und Stelzen, wobei die Erdbebensicherung dieser Bauwerke nicht außer Acht zu lassen ist. Überbaute Erdgeschoßbereiche können beispielsweise als PKW-Abstellflächen genutzt werden.

Bei der Ausbildung eines Baukörpers auf Stützen und Stelzen ist die Erdbebensicherung nicht außer Acht zu lassen.

Tabelle 060|1-05: Baustoffe und Anwendungsbereiche in Hochwassergebieten [16]

Baustoff	Beispiel	Anwendungsbereich	Wasser-empfindlichkeit
auf Gipsbasis	Spachtelgips, Stuckgips,	Innenausbau,	–
	Gipskartonplatten,	Wandbekleidungen	–
	Putzgipse		–
auf Kalkbasis	Mörtel, Putz,	Innenausbau,	+
	Kalksandsteine	Hintermauerung, Sichtmauerwerk	+
auf Zementbasis	Mörtel, Putz,	hochfester Mauermörtel, Sperrputz,	+
	Beton,	Wand- und Deckenkonstruktion,	+
	Mauersteine, Pflaster,	Wandkonstruktion, Flächenbelag,	+
	Estrich	Innenausbau, Bodenbelag	+
gebrannte	Ziegelsteine,	Hintermauerung,	+
Baustoffe	Klinker,	Sichtmauerwerk,	+
	Steinzeugware,	Bodenbeläge,	+
	Steingutware	Wandverkleidung	o
aus Holz	Balken,	Tragkonstruktion,	– bis +
	Bretter,	Bodenbelag, Vertäfelungen,	–
	Spanplatten,	Wand- bzw. Bodenbelag,	–
	Holzwolleleichtbauplatten,	Dämmplatten,	–
	Parkett	Bodenbelag	–
aus Bitumen	Dichtungsbahnen,	Sperrbeläge gegen drückendes Wasser,	+
	Anstriche	Bautenschutz im Erdreich	+
aus Metall	Stahlträger,	Tragkonstruktion,	+
	Kupfer/Zinkbleche,	Dachrinnen, Wandbekleidungen,	+
	Bleischürzen	Anbindungen Mauerwerk/Dach	+
aus Kunststoff	Plastomere,	Dichtungsbahnen,	– bis +
	Duromere,	Bodenbeläge,	je nach
	Elastomere	Dämmstoffe,	Verarbeitung
		Holzersatz (z. B. Fenster)	

+   gut geeignet (nicht oder nur gering wasserempfindlich)
o   mäßig geeignet (bedingt wasserempfindlich)
–   ungeeignet (stark wasserempfindlich)

Abbildung 060|1-11: Gebäude auf Stützen [16]

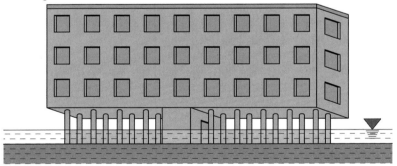

In Überschwemmungsgebieten mit gering wasserdurchlässigen Böden kann, wenn kein Zutritt von Grundwasser erfolgt und die Standsicherheit des wasserdichten Bauwerkes gegeben ist, durch Maßnahmen im Außenbereich (Dämme und Wassersperren) oder mit Abdichtungsmaßnahmen am Gebäude (Sandsäcke, Dammbalken) ein kurzzeitiger Wasserzutritt verhindert bzw. vermindert werden.

Der Einsatz von Hochwasserschutzwänden ist nur dann sinnvoll, wenn gleichzeitig ein ausreichender Schutz gegen das Eindringen von Grundwasser und Rückstauwasser aus der Kanalisation besteht. Durch Kanäle im Innen- und Außenbereich der Bauwerke können Schutzwände und Dämme ihre Funktion verlieren, sofern keine Maßnahmen gegen einen Wasserdurchtritt vorgesehen werden.

Hochwasserschutzwände sind nur sinnvoll, wenn gleichzeitig Schutz gegen Eindringen von Grundwasser und Rückstauwasser besteht.

Abbildung 060|1-12: Umlaufende Hochwasserschutzwand [16]

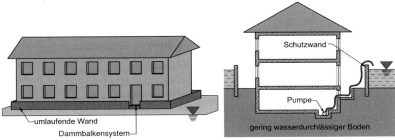

Grundsätzlich sind in Überschwemmungsgebieten nicht die Rückstauebenen, sondern die Hochwasserstände für die Anlagenkonzeption heranzuziehen. Rückstausicherungen und Hebeanlagen sind regelmäßig zu warten, um im Einsatzfall funktionsfähig zu sein.

Rückstausicherungen und Hebeanlagen sind regelmäßig zu warten, um im Einsatzfall funktionsfähig zu sein.

Abbildung 060|1-13: Rückstausicherungen [16]

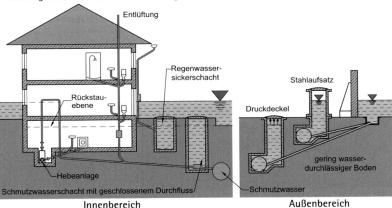

Für den Gebäudeausbau in den durch Hochwässer betroffenen Bauwerksbereichen sind nachfolgende Ausführungsgrundsätze zu berücksichtigen:

Wasserbeständige Baustoffe

Baustoffe, die bei Kontakt mit Wasser beschädigt oder zerstört werden, sind zu vermeiden. Dies gilt besonders für Holzwerkstoffe, Textilien, gipshaltige Baustoffe und nicht rostfreie Metalle.

Baustoffe, die bei Kontakt mit Wasser beschädigt oder zerstört werden, sind zu vermeiden.

Tabelle 060|1-06: Wasserbeständige – nicht wasserbeständige Baumaterialien [16]

Verwendungsbereich	Baustoffe nicht wasserbeständig	wasserbeständig
Außenwandbekleidung	Holzplatten, Thermohaut-Verbundsystem	mineralische Putze auf Basis von Zement bzw. hydraulischen Kalken, Kunstharzputze, Faserzementplatten
Wände	Gipsplatten, Holzwände, Gefache	Beton/Leichtbeton, herkömmliche Stein- auf Stein-Bauweise (z. B. Ziegel), Gasbeton, Glasbausteine
Fenster/Türen	Holz (unversiegelt)	Holz (versiegelt), Kunststoff, Aluminium
Innenwandbekleidungen	Gipsputz, Gipskartonplatten, Tapeten, Holzbekleidungen, Korkbekleidungen	mineralische Putze auf Basis von Zement bzw. hydraulischen Kalken, Wandfliesen, Klinker
Bodenbeläge	Parkett, textile Beläge, Linoleum, Kork, Holzpflaster	Beton, Estrich, Fliesen, Gussasphalt

Erneuerbarkeit und Wiederherstellbarkeit

Nach einer Überschwemmung sind meist sehr viel Zeit und Geld für die Instandsetzung der betroffenen Bereiche zu investieren. Die Räume müssen vorerst leergepumpt, gereinigt und getrocknet werden. Dabei darf man nicht von „reinem" Wasser ausgehen, das Hochwasserereignis bringt große Mengen an Sand und Schlamm in die überfluteten Gebäudebereiche. Beläge an Wänden, Decken und Böden bedürfen meist einer Erneuerung. Besonders im Rauminneren sollten Dampfbremsen (z. B. reiner Zementputz) und saugende Materialien (z. B. Teppichböden, Dämmstoffe aus Mineralwolle) vermieden werden. Durch diffusionsoffene und hydrophobe Bauteiloberflächen ist eine Trocknung des Bauwerkes schneller möglich, wobei auch eine Schimmelbildung vermieden werden muss.

Diffusionsoffene und hydrophobe Bauteiloberflächen ermöglichen eine schnelle Trocknung des Bauwerkes.

Hochwassersichere Installationen

Heizungsanlagen und elektrische Schaltschränke sollten hochwassersicher in den Obergeschoßen situiert werden. Heizungs- und Stromkreisläufe in den im Hochwasserfall betroffenen Räumen müssen getrennt abschaltbar bzw. gesichert sein. In häufiger vom Hochwasser betroffenen Räumen ist die Anordnung von Installationen möglichst weit über dem Fußboden empfohlen, um Beschädigungen bei geringeren Hochwasserereignissen leichter vermeiden zu können.

Heizungsanlagen und elektrische Schaltschränke sollten in den Obergeschoßen situiert werden.

Sicherungsmaßnahmen bei Ölheizungsanlagen

Unabhängig von den aktuellen Beschränkungen für die Genehmigung von neuen Ölheizungsanlagen und den geplanten Ersatzkonzepten durch andere Energieträger soll angemerkt werden, dass ein Auslaufen von Öl infolge Leckagen im Heizungsraum oder im Zuleitungsbereich bis zum Heizöltank zu nachhaltigen Verunreinigungen an den Baustoffen und der Einrichtung sowie letztlich auch des Wassers führt. Daher sollten in hochwassergefährdeten Gebieten andere Energieträger zum Einsatz kommen oder die Anlagenkomponenten zumindest durch geeignete Halterungen gegen ein Aufschwimmen gesichert sein. Speziell für Heizöltanks im Innen- wie im Außenbereich ist eine Bemessung dieser Halterungen erforderlich.

In hochwassergefährdeten Gebieten sollten möglichst keine Ölheizungsanlagen zum Einsatz kommen.

Bei der Planung von Gebäuden in Bereichen mit häufigen Überschwemmungen sollte auch die Erreichbarkeit im Hochwasserfall z. B. über Stege sowie höher gelegene Notausgänge berücksichtigt werden. Über die planerischen Maßnahmen hinausgehend ist für die Bewohner auch die Bereitstellung einer persönlichen Schutzausrüstung empfehlenswert.

Konstruktionselemente

Die Wahl der Materialien und Bauweisen von Kellern ist ortsspezifisch und zweckabhängig unterschiedlich, obwohl eine überwiegende Verwendung von Bauteilen aus Ortbeton bzw. aus Betonfertigteilen festgestellt werden kann. Im Einfamilienhausbau werden Keller nach wie vor gemauert, wenn auch hier – als Ergebnis einer verstärkt auf den Markt drängenden Präsenz von Fertighausangeboten – Fertigteile immer öfter eingesetzt werden.

Bauweisen

Die Wahl der Bauweise ist im Regelfall durch die Rahmenbedingungen und die wirtschaftlichste Ausführungsform bestimmt. Hier spielt die geplante Nutzung des Kellers ebenso eine Rolle wie die Lage des Bauplatzes, Termingesichtspunkte oder auch der Grundwasserstand. Nur im Segment des Privathausbaues werden des Öfteren auch Aspekte der Baubiologie oder auch der Möglichkeit, Eigenleistungen einzubringen, berücksichtigt.

Besonders im städtischen Raum, bei einer Kellernutzung als Mittel- oder Großgarage oder einem Garagenbauwerk an sich, ist die Bauweise des Kellers eng mit der Methode der Baugrubenerschließung bzw. der Baugrubenumschließung selbst verbunden.

> Geplante Nutzung, Lage des Bauplatzes, Termingesichtspunkte und Grundwasserstand spielen bei der Wahl der Bauweise eines Kellers eine Rolle.

Offene Baugruben

Offene Bauweisen sind dadurch gekennzeichnet, dass die Baugrube von der Geländeoberfläche aus hergestellt wird, in der das Bauwerk dann konventionell von unten nach oben errichtet wird. Sie sind im Gegensatz zu geschlossenen Bauweisen wie beispielsweise der Deckelbauweise leichter und zum Teil mit geringeren Baukosten herzustellen, beeinträchtigen jedoch während der gesamten Bauzeit das Geschehen an der Oberfläche.

> Bei der offenen Bauweise wird die Baugrube von der Geländeoberfläche aus hergestellt.

Abbildung 060|2-01: Baugruben

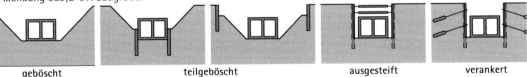

| geböscht | teilgeböscht | ausgesteift | verankert |

Baugruben (siehe Band 3: Gründungen [8]) können grundsätzlich ohne und mit konstruktiven Sicherungsmaßnahmen hergestellt werden. Im urbanen Gebiet sind geböschte oder teilgeböschte Baugruben aus Platzgründen kaum anwendbar, sodass eine Sicherung der Baugrubenwände erforderlich ist.

- Trägerbohlenwände
- Bohrpfahlwände
- Schlitzwände
- Elementwände
- Spundwände
- Injektionswände
- Bodenvernagelung

> Baugruben können ohne und mit konstruktiven Sicherungsmaßnahmen hergestellt werden.

Entsprechend der Wahl der Abstützungsmaßnahmen der Baugrubenwände ist zu unterscheiden zwischen:

- Aussteifungen gegen den Erddruck aus Stahl oder Stahlbeton mit möglichen Zusatzmaßnahmen zur Knicksicherung der Aussteifungselemente
- Verankerung der Umschließungswände gegen den Erddruck durch Zuganker in Form von Injektionsankern oder Rundstahlankern mit Ankerplatten

Die gewählte Art der Baugrubenumschließung lässt sich auch nach dem Gesichtspunkt des Verbleibens der Stützmaßnahmen im Boden – oft als Teil des Bauwerkes – bzw. deren Entfernung nach Abschluss der Bautätigkeit differenzieren. Hier entscheidet die öffentlich- oder auch privatrechtliche Situation über die technische Anwendbarkeit der einzelnen Bauweisen. In der Regel müssen Verankerungsmaßnahmen in fremdes Gut jedenfalls „rückgebaut" werden. Baugrubenumschließungen aus Spundwandbohlen oder Trägerbohlenwänden werden nach der Fertigstellung der Außenabdichtung im Zuge der Verfüllung des Arbeitsraumes „gezogen" bzw. abgebaut, Bohrpfahlwände, Schlitzwände oder Injektionswände verbleiben im Boden.

Die Art der Baugrubenumschließung lässt sich nach dem Gesichtspunkt des Verbleibens der Stützmaßnahmen oder deren Entfernung differenzieren.

Der Vorgang des Rückbaues ist mit dem Baufortschritt abzustimmen und statisch als eigener Bauzustand zu betrachten, oft kommt es hier im Zuge des Lösens von Verankerungen und der Abstützung auf das Bauwerk zu wesentlichen Beanspruchungszuständen, die zu berücksichtigen sind. Besonders bei Aussteifungen innerhalb der Baugrube sollte auf deren Höhenlage in Bezug auf das Bauwerk Rücksicht genommen werden, um auch eine Umlagerung der Aussteifung auf das Bauwerk zu ermöglichen.

Abbildung 060|2-02: Vor- und Rückbauzustände einer ausgesteiften Baugrube

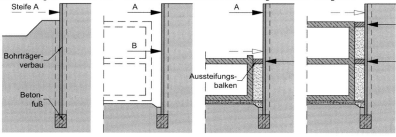

Deckelbauweise

060|2|1|2

Eine Ausführungsvariante, bei der der Baugrubenverbau in das Bauwerk integriert wird, ist die Deckelbauweise. Die Abstützung erfolgt mit einem Teil der zukünftigen Decke, einem so genannten Deckenkranz, bei dem eine Öffnung in der Mitte bleibt.

Bei der Deckelbauweise wird der Baugrubenverbau in das Bauwerk integriert.

Diese Bauweise wurde ursprünglich im Zuge der offenen Tunnelbauweise entwickelt, im Hochbau ist allerdings auch die Anordnung von Stützen notwendig. Das Kennzeichen dieser Bauweise ist das von einem nur geringfügig unter Gelände liegenden Arbeitsplanum durchgeführte Abteufen von Bohrpfahl- oder Schlitzwänden, aber auch von Einzelpfählen. Letztere dienen der provisorischen oder endgültigen Unterstützung der Decken innerhalb des Kellers.

Abbildung 060|2-03: Schematischer Bauablauf der Deckelbauweise

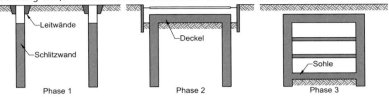

Phase 1   Phase 2   Phase 3

Phase 1:   Herstellung der Umfassungswände und Stützen
Phase 2:   Errichtung des Deckels
Phase 3:   Schließen der Oberfläche und bergmännische Herstellung des Bauwerkes

Werden die Innenstützen vorweg hergestellt und wird ihnen auch eine dem Baufortschritt entsprechende Belastung zugewiesen, ist es notwendig, ihre Knicklänge zu beschränken. Dies wird zweckmäßigerweise durch eine Deckenscheibe bewerkstelligt, welche gleichzeitig in die Umfassungswände einbindet und dadurch Erdanker entbehrlich macht. Um den Arbeitsraum nicht unnötig einzuschränken, genügt es, nur jede zweite im Endzustand benötigte Zwischendecke herzustellen.

Abbildung 060|2-04: Bauablauf Deckelbauweise

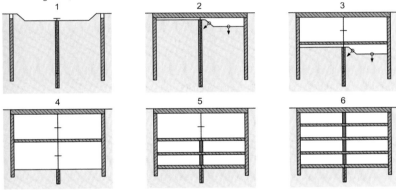

1 Schlitzwände, Zwischenstützen	4 Gesamtaushub	
2 Abschlussdecke	5 Sohle, Decken, Stützen	
3 Aushub, Zwischendecke	6 Decken, Stützen	

Da ein Bohrpfahl in einer für den Endzustand notwendigen Dimension zu viel Platz einnimmt und dessen absolute Lotlage auch nicht garantiert werden kann, ist es üblich, für die Zwischenstützen Träger mit den nötigen Zwischendeckenanschlüssen so einzuführen, dass sie in das durch die unterste Auffüllung des Bohrloches geschaffene zylindrische Fundament einbinden. Das Restvolumen wird mit Sand aufgefüllt. Nun kann die Abschlussdecke entweder auf einer Sauberkeitsschicht, von dieser durch eine Folie getrennt, oder auf Schalung betoniert werden. Unter dieser Decke wird der Boden über zwei Geschoße abgebaut und dann zur seitlichen Abstützung wieder eine Decke eingebaut. Ist die Sohle erreicht, bildet die in der Regel dicke Bodenplatte in schubfester Verbindung mit dem Stützenfuß eine Fundamentverbreiterung für die Innenstütze. Nun können, nach oben fortschreitend, die noch fehlenden Zwischendecken betoniert und durch Ummantelung der Stahlstützen die endgültigen Stützen hergestellt werden. Gleichzeitig bietet sich auch die Möglichkeit, die Stützwände mit einer tragenden Vorsatzschale zu versehen, wodurch dann eine teilweise Entkoppelung der Außenschale von der das

Deckenauflager bildenden Innenschale erreicht wird. Besteht keine Notwendigkeit einer raschen Wiederherstellung des Geländes, bietet sich auch die Möglichkeit von einem durch wirtschaftliche Überlegungen leicht zu rechtfertigenden tieferen Arbeitsplanum, gleichzeitig geschoßweise in die Tiefe und Höhe zu bauen, wodurch sich die Bauzeit verkürzen lässt. Wegen der dadurch zu erwartenden höheren Lasten auf den Innenstützen sind für diese bereits zusammengesetzte Stahlquerschnitte erforderlich. Da das Erdgeschoß meist der Funktionstrennung dient – die letztlich auch zu einer anderen Stützenteilung führt –, wird die letzte Kellerdecke, die direkt auf den seitlichen Stützwänden auflagert, so tragfähig hergestellt, dass sie auch Stützenlasten beispielsweise außerhalb des Garagenrasters im Keller aufzunehmen vermag.

Durch gleichzeitiges geschoßweises Bauen in die Tiefe und Höhe lässt sich die Bauzeit verkürzen.

Abbildung 060|2-05: Deckelbauweise – Baufortschritt nach oben und unten

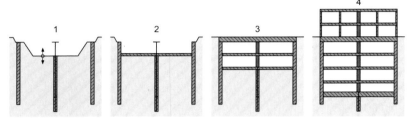

1 Schlitzwände, Zwischenstützen, Aushub Untergeschoß
2 Zwischendecke
3 Abschlussdecke über Untergeschoß, Aushub Untergeschoß
4 gleichzeitige Errichtung Unter- und Obergeschoße

Unabhängig davon, ob die Abschlussdecke der Weiterführung des Objektes als Hochbau oder nur als Verkehrsfläche dient, besitzt sie, wegen der Auslegung auf den Endzustand, so viele Tragreserven, dass sie auch zur Aufhängung der Schalung für die tiefer liegenden Geschoße herangezogen werden kann und somit eine Fortführung der Aushubarbeiten ohne wesentliche Einschränkungen zulässt.

Unterfangungen

060|2|1|3

Unterfangungen werden oft beim Schließen von Baulücken erforderlich, wenn die neue Fundamentsohle unter der des umgebenden Bestandes liegt. Beim Errichten eines unterkellerten Gebäudes neben einem Altbestand mit flacherer Gründungssohle kann eine Unterfangung des Bestandsfundamentes zur Sicherung der Baugrube und zur Vermeidung von größeren Setzungen des Altfundamentes wie auch von Überbeanspruchungen der neu errichteten Kellerwände durch horizontale Kräfte vorgenommen werden. Eine Unterfangung stellt ein eigenes Bauvorhaben im Sinne der behördlichen Baubewilligung dar und ist vom Einvernehmen mit dem Grundeigentümer der Nachbarliegenschaft abhängig. Als Methoden zur Tieferlegung der Gründungssohle des Bestandes kommen hauptsächlich drei Verfahren zur Anwendung:

Unterfangungen werden oft beim Schließen von Baulücken erforderlich.

Konventionelle Unterfangung

Die Unterfangung erfolgt nach Ermittlung der Lasten der Bestandsfundamente in Abschnitten von 0,80 bis 1,50 m Breite, wobei ein durch den Tragwerksplaner definierter Ablauf zu beachten ist. Die Betonfüllung des ausgehobenen Schlitzes unter dem Fundament muss formschlüssig eingebracht werden, was durch einen nachträglich abzuschrämmenden

Drucktrichter oder durch Verfüllen des Restspaltes mit schwindfreiem Mörtel möglich ist.

Injektionskörper

Durch Einpressen von Zementsuspensionen unter dem Bestandsfundament können bei geeigneten Bodenverhältnissen verfestigte Injektionskörper geschaffen werden, deren Druckfestigkeit zwar unter jener der üblichen Betonwürfelfestigkeiten liegt, einer gesicherten Lastweiterleitung zur tiefer liegenden neuen Baugrubensohle jedoch genügt.

Verpress- oder Mikropfähle

Eine Sonderform der Unterfangung sind schlanke Fundamentpfähle aus Stahlrohren, die in den Boden, in Einzelfällen auch durch die Fundamente selbst, eingebohrt werden und die dann mit eingepresster Betonsuspension umhüllt die Lastabtragung übernehmen. Nachteilig ist, dass diese Pfahl- strukturen keine Biegebeanspruchung aufnehmen können.

Düsenstrahlverfahren

Beim Düsenstrahlverfahren wird um einen abgeteuften Bohrkopf der Boden mit einem Strahl aus Zementsuspension aufgeschnitten und vergütet und damit unter dem Fundament eine zementstabilisierte Bodensäule hergestellt. Da vor dem Erhärten der Vermörtelung der Boden im Düsen- strahlbereich breiig und nicht tragfähig ist, sind die Arbeiten in einzelne Abschnitte zu gliedern. Zu beachten ist auch, dass durch das Aufschneiden für die Bodenvermörtelung Vibrationen entstehen, die auch zu stärkeren Setzungen führen können.

Bei Unterfangungen über eine größere Höhe ist bei allen Verfahren mit dem Erddruck auf die Unterfangungskörper zu rechnen. Zur Kippsicherung oder zur Vermeidung eines Grundbruches sind ein oder mehrere Aussteifungshorizonte einzubringen. Um eine Behinderung der Arbeiten durch Verstrebungen zu vermeiden, sind auch Ankerhorizonte vorgesehen. Jede Unterfangung eines Bauwerkes ist mit Lastumlagerungen verbunden und unterliegt damit Setzun- gen, die je nach angewendetem Verfahren unterschiedlich groß sein können. Allgemein kann angenommen werden, dass bei fachgemäßer Ausführung die zu erwartenden Setzungen im zulässigen Bereich liegen. Vor jeder Bau- werksunterfangung eine umfangreiche Beweissicherung der Nachbarobjekte durchzuführen, ist dennoch empfehlenswert (siehe Band 3: Gründungen [8]).

Jede Unterfangung eines Bauwerkes ist mit Lastumlagerungen verbunden und unterliegt damit Setzungen.

Abbildung 060|2-06: Bauwerksunterfangungen

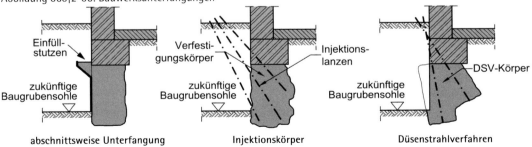

abschnittsweise Unterfangung   Injektionskörper   Düsenstrahlverfahren

Gründungen   060|2|2

Die Gründung eines Bauwerkes ist seine Verbindung mit dem Baugrund, welcher bis auf einige Ausnahmen nicht so hoch beansprucht werden kann wie die

Materialien der lastabtragenden Bauteile. Die Gründungsart eines Bauwerkes ist von verschiedenen Einflüssen abhängig. Die Aufgabe der mit dem Grundbau versierten Bauingenieure ist, jene Gründungsart zu wählen, die bei wirtschaftlichem Aufwand und ausreichender Sicherheit die notwendige Lastübertragung in den Boden sowie begleitende Anforderungen bestmöglich erfüllen kann (siehe Band 3: Gründungen [8]).

Abbildung 060|2-07: Gründung allgemein [8]

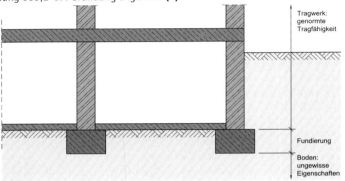

Tragwerk: genormte Tragfähigkeit

Fundierung

Boden: ungewisse Eigenschaften

Flachgründungen

Flachgründungen sind mehr oder weniger flächenhafte Gründungskörper, die konzentrierte Bauwerkslasten auf einer entsprechend großen Bodenfläche verteilen und somit die zulässigen Beanspruchungen im Boden einhalten. Eine flächenhaft verteilte, überwiegend vertikale Bodenreaktion wird erreicht. Bei Nachgiebigkeit des Bodens setzt sich, verbiegt sich und gegebenenfalls verkantet sich der Gründungskörper. Flachgründungen sind Flächengründungen mit begrenzter Einbindetiefe. Die Dimensionierung von Flachgründungen hängt vom anstehenden Boden, der abzuleitenden Last und der Konstruktionsart ab. Flachgründungen stellen die wirtschaftlichsten Gründungsformen dar, erfordern aber einen ausreichend tragfähigen Baugrund unter der Gründungssohle. Voraussetzung für den Einsatz von Flachgründungen ist auch eine ausreichende Frostsicherheit, das heißt, der Boden unter der Gründungssohle muss außerhalb der Frostzone liegen. Durch Frosteinwirkung kommt es anfänglich zu Fundamenthebungen und beim Auftauen zu Setzungen. Bei über den Winter offenen Rohbauten, bei denen der Frost freien Zugang zur Gründungssohle hat, können die ersten Schäden bereits am noch unfertigen Bauwerk entstehen.

Abbildung 060|2-08: Flachgründungen [8]

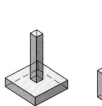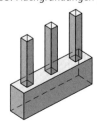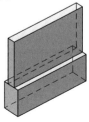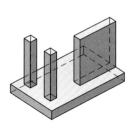

Man unterscheidet Einzelfundamente unter Stützen (= Punktlasten), Streifenfundamente unter Stützenreihen oder Wänden (= Linienlasten) und

Fundamentplatten. Eine Fundierung kann wie bei einer Stützmauer mit dem Bauwerk ident sein oder auch nur aus einer Fundamentplatte bestehen (z. B. Fahrbahnplatte).

Tiefgründungen

060|2|2|2

Wenn unmittelbar unter dem Bauwerk dickere Schichten nicht tragfähiger oder stark setzungsempfindlicher Böden anstehen, Bodenverbesserungen nicht sinnvoll sind, ein hoher Grundwasserstand vorliegt oder setzungsempfindliche Nachbarobjekte nicht beeinflusst werden dürfen, sind Tiefgründungen erforderlich. Sie bestehen in der Regel aus Einzelpfählen, Pfahlgruppen oder Gründungskästen und können gegebenenfalls auch zur Baugrubensicherung herangezogen werden. Grundsätzlich sollte zur Vermeidung unterschiedlicher Setzungen eine kombinierte Verwendung der Gründungsarten Flach- und Tiefgründung nur unter Beachtung ihrer Interaktion erfolgen. Bei einer Tiefgründung werden die Lasten sowohl über die Aufstandsfläche als auch über die Mantelfläche des Gründungskörpers in den Boden abgetragen.

Tiefgründungen bestehen in der Regel aus Einzelpfählen, Pfahlgruppen oder Gründungskästen.

Abbildung 060|2-09: Wirkungsweise von Pfählen [8]

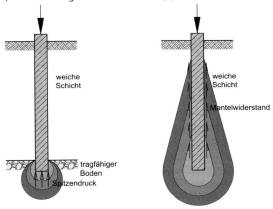

Keller mit Tieffundierungselementen

060|2|2|3

Bei der Konzeption von Stützwänden gegen das Erdreich unterscheidet man zwischen ein- und mehrschaligen Ausführungen. Bei zweischaligen Ausführungen ist zu beachten, ob eine Relativverschiebung in der Vertikalen zu erwarten ist oder nicht. Werden keine hohen Ansprüche an die Trockenheit, die Struktur und eventuelle Lotabweichungen der Kellerwände gestellt, genügt bei einschaligen Bohrpfahl- oder Schlitzwänden das Säubern von Bentonit und Erdresten, das Abspitzen von Überständen und die Sanierung von Leckstellen. In solchen Fällen werden die Zwischendecken und die Sohlplatte in Aussparungen der Wände eingebunden, was jedoch unter Umständen eine beträchtliche Schwächung durch Kerben bedeuten kann. Es kann sich daher als zweckmäßig herausstellen, die Tieffundierungselemente durch eine Vorsatzschale, die gleichzeitig die glatte Sichtoberfläche bildet, zu ergänzen und diese auch zur Abstützung der Sohlplatte bzw. Auflagerung der Zwischendecken zu nützen. Da sich im Laufe der Zeit in den unteren Geschoßen auch bei geringfügigen Undichtheiten der Stützwände ein Spaltwasserdruck aufbauen kann, sollte auf einen guten flächigen Haftverbund zwischen den beiden

Bei der Konzeption von Stützwänden gegen das Erdreich unterscheidet man zwischen ein- und mehrschaligen Ausführungen.

Wandschalen Wert gelegt werden. Eine nicht zu knappe Netzbewehrung der Vorsatzschale verhindert einerseits die Entstehung einzelner größerer Risse und bildet andererseits die Zugzone eines Verbundquerschnittes, welche wegen der meist geringen Geschoßhöhen nicht besonders beansprucht wird. Durch Kraftumlagerungen nach dem Lösen der Erdanker stützt sich die Wand gegen die Decken ab, wodurch auch ein Öffnen der Verbundfuge, selbst nach dem Schwinden des Deckenbetons, kaum zu erwarten ist. Bei einschaligen Schlitz- oder Bohrpfahlwänden ist der Dehnfugenausteilung – wenn auch nicht im selben Ausmaß wie für Objekte über Niveau – besonderes Augenmerk zuzuwenden.

Abbildung 060|2-10: Zusammenwirken Wand-Stützen-Sohle-Decken

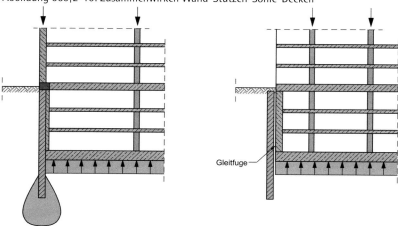

Einflüsse wie Schwinden, Quellen, ggf. Kriechen, Temperatur sind zu berücksichtigen. Der geringste Einfluss wird von der Sohlplatte ausgeübt, da diese in der Regel eine große Dicke besitzt (0,40 – 1,50 m), einige Geschoße unter dem Gebäude zu liegen kommt und auf der Unterseite meist mit dem Grundwasser in Kontakt steht (Schwind- abzüglich Quelleinfluss). Die Geschoße unter Gelände unterliegen jedoch bereits Längenänderungen, deren Auswirkungen z. B. bei Garagen zu berücksichtigen ist.

Abbildung 060|2-11: Verformungsdifferenzen zwischen Unter- und Obergeschoßen

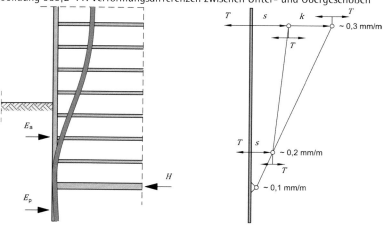

Hier kann mit Temperaturschwankungen von ±10 °C gerechnet werden. Das Schwindmaß ist aufgrund der höheren Luftfeuchtigkeit mit $-2 \cdot 10^{-4}$ anzusetzen. Über Niveau vergrößern sich die Längenänderungen. Hier kann Temperatur $±2 \cdot 10^{-4}$, Schwinden $-3 \cdot 10^{-4}$, Kriechen $-3 \cdot 10^{-4}$ angenommen werden. Geht man von einer Objektbreite um 32 m aus, so sind die zu erwartenden Deckenverkürzungen in den Tiefgeschoßen bei symmetrischer Aufteilung -3,2 bis ±1,6 mm, wobei die Temperaturbewegungen als saisonale Längenänderungen aufzufassen sind. Über Niveau können sich diese Werte noch verdreifachen und solcherart einen wesentlichen Einfluss auf die tief liegenden Stützwände ausüben.

Die hier getroffenen prinzipiellen Überlegungen lassen die Wichtigkeit konstruktiver Maßnahmen und deren wirklichkeitsnaher Bewertung erkennen:

- Aufbau eines Erddruckes, der nach dem Lösen der Erdanker den dauernden Kontakt Boden-Objekt sicherstellt. Bei den meist steifen Stützwänden wird hierbei dem Erdruhedruck, in Abhängigkeit von der Einbindetiefe, ein bestimmender Einfluss zukommen. Die Erddruckkräfte werden immer durch das Bauwerk aufgenommen und weitergeleitet.

Abbildung 060|2-12: Aufnahme der Erddruckkraft durch das Bauwerk

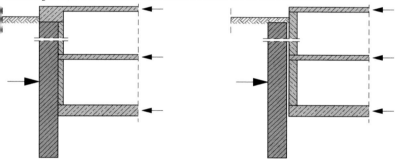

einschalige Wände   zweischalige Wände

- Die Fugenteilung der Dehn- und Schwindfugen im Objekt muss sich bei einschaliger Wandbauweise an den Tieffundierungselementen orientieren. Bei der tangierenden und aufgelösten Bohrpfahlwand wird die Fuge zweckmäßigerweise in den Zwischenräumen anzuordnen sein, bei der überschnittenen Bohrpfahlwand in einer Arbeitsfuge und bei Schlitzwänden innerhalb eines Elementes, wobei bereits im Bewehrungskorb für eine Dilatationsmöglichkeit Sorge zu tragen ist.

- Ist aus äußeren Zwängen eine Unabhängigkeit von Baugrubenverbau und Objekt anzustreben, muss, zusätzlich zur Dichtigkeit, sowohl die vertikale als auch die horizontale Verschieblichkeit gewährleistet werden. Am einfachsten ist diese durch die weiße Wanne zu bewerkstelligen, d. h. durch die Anordnung einer Dichtbetonwand, welche gleichzeitig die Tragfunktion übernimmt. Eine Gleit- bzw. Trennschicht (Polystyrol, Noppenbahn) zwischen Objekt und Verbau lässt einen künstlichen Spalt entstehen, vor dem die nun unabhängig wirkende weiße Wanne situiert ist. Die Fugenabstände (Arbeitsfugen) – nunmehr unabhängig vom Baugrubenverbau – nicht viel größer als 10 m zu wählen ist sinnvoll, wobei die Tragwand doppellagig so zu bewehren ist, dass die Rissbreiten unter 0,2 mm bleiben, womit auch die Dichtigkeit garantiert ist. Sollten Leckstellen auftreten, so sind sie leicht zu lokalisieren und zu sanieren.

Die Fugenteilung der Dehn- und Schwindfugen im Objekt muss sich bei einschaliger Wandbauweise an den Tieffundierungselementen orientieren.

- Erzwingen hohe Ansprüche an die Trockenheit die Anordnung einer Bahnenabdichtung (schwarze Wanne), so ist für alle jene Fälle, bei denen keine statisch wirksame Kopplung des Objektes mit dem Verbau möglich ist, Vorsorge zu treffen, dass kein Ablösen der Abdichtungsrücklage von der Abdichtung eintreten kann. Dies wird in der Regel durch eine Vorsatzschale und Telleranker bewerkstelligt. Die Gleit- und Trennschicht wird dann zur Sollbruchstelle. Da Dichtungs- und Tragfunktion entkoppelt sind, ist es möglich, die Fugenabstände wesentlich zu vergrößern. Nach herkömmlichen Vorstellungen werden Fugenabstände für Wände und Sohlplatte von 30 m als angemessen erachtet.

Hohe Ansprüche an trockene Bauteile erzwingen die Anordnung einer schwarzen Wanne.

- Da Fugen immer eine Schwachstelle bilden und – wegen des hohen Reibungsanteiles – auch Längenbeschränkungen bereits bedeutende Behinderungen der Dehnvorgänge mit sich bringen, geht der Trend zu großflächigen, oft das gesamte Bauwerk erfassenden Baukörpern, wobei allerdings ein Nachweis der Rissbeschränkung zu erbringen ist. Die aus den Zwangsbeanspruchungen zu erwartenden Risse müssen durch eine ausreichend dimensionierte und eng verteilte Bewehrung auf 0,1 mm (bis 0,2 mm) beschränkt bleiben, womit auch die Wasserdichtigkeit gesichert ist.

- Besonderes Augenmerk ist den Durchdringungen für Leitungen zu widmen (siehe Kapitel 060|5).

- Es empfiehlt sich, bei zweischaliger Bauweise die Flächenabdichtung und deren An- und Einbindungen mit besonderer Sorgfalt herzustellen, da im Schadensfall eine genaue Ortung der Leckstelle kaum möglich ist. Bei einschaligen Wänden hingegen ist die Sanierung ohne besonderen Aufwand mittels bewährter Verfahren möglich.

Im Schadensfall ist bei zweischaliger Bauweise eine genaue Ortung der Leckstelle kaum möglich.

Kellerfußböden

060|2|3

Die Fußbodenkonstruktion besteht entweder aus einer Stahlbetonbodenplatte oder einem Unterbeton und muss die Horizontalkräfte aus der Abstützung der durch Erddruck beanspruchten Kelleraußenwände aufnehmen können. Bei Ausführung eines Unterbetons sollte, da es sich um einen statisch wirksamen Bauteil handelt, immer eine konstruktive Bewehrung verlegt werden. Bei der Ausführung von Bodenplatten ist auf eine „Rollierung" unter der Bodenplatte zu verzichten, diese ist nur als kapillarbrechende Schichte bei einem Unterbeton ohne Abdichtungslagen erforderlich. Durch eine Rollierung unter einer Bodenplatte werden, ausgenommen bei richtig geplanten und dimensionierten Flächendrainagen, nur nachteilige Auswirkungen auf das Bauwerk und den Baugrund hervorgerufen.

Die Fußbodenkonstruktion muss die Horizontalkräfte aus der Abstützung der durch Erddruck beanspruchten Kelleraußenwände aufnehmen können.

Die unterschiedlichen Aufbauten der Kellerfußböden ergeben sich durch die aus der geplanten Nutzung resultierenden Anforderungen an Wärmedämmung, Trittschallschutz, die Lage der Abdichtung sowie die Art der Konstruktion (Bodenplatte, Unterbeton). Für höhere Nutzlasten ist auch eine Anordnung der Wärmedämmung unterhalb der Bodenplatte oder des Unterbetons möglich, jedoch ist dann wegen der Festigkeits- und Feuchtigkeitsbeanspruchung eine entsprechende Materialwahl der Wärmedämmung zu beachten. Die Rollierung („Rollschotter") – gewaschener Kies aus Rundkorn 16 bis 64 mm – ist schwer glatt abzuziehen, deshalb ist in diesem Fall die Verwendung einer Schicht aus Grädermaterial (wie im Straßenbau üblich) vorzuziehen. Dies gilt auch für eine beabsichtigte Verlegung einer zweilagigen Bewehrung des Unterbetons, bei der eine gewisse Lagerichtigkeit der unteren Bewehrungslage angestrebt wird.

Um das Eindringen der Zementschlämme aus dem Frischbeton in die kapillarbrechende Schicht hintan zu halten, ist vor Herstellung des Unterbetons eine Abdeckung aus mindestens 0,2 mm starker PE-Folie oder aus Baupapier mit ca. 20 cm Überlappung der Stöße zu verlegen. Estriche dürfen ebenfalls nicht direkt auf eine Feuchtigkeitsabdichtung verlegt werden, die mechanische Beanspruchung der Abdichtungsbahnen z. B. durch Schwindbewegungen muss vermieden werden. Trenn- und Gleitschichten unter Zementestrichen müssen aus zwei Lagen, die obere aus einer PE-Folie mit mindestens 0,15 mm Dicke, die untere entweder ebenfalls aus PE-Folie oder einer Bitumendachbahn ausgeführt werden. Demgegenüber kann die Trennschicht zwischen Estrich und Trittschall- bzw. Wärmedämmung durch eine nur einlagige PE-Folie hergestellt werden, da hier keine wesentliche Reibung zwischen Folie und Dämmstofflage aufgebaut wird. Zusätzlich verhindert die Folie auch das Eindringen des Estrich-Anmachwassers in die Dämmung und daraus resultierende Schall- oder Wärmebrücken. Bei der Planung ist auch auf eventuelle Leitungsführungen zu achten (Elektro, Heizung), diese werden oft in einem Sandbett verlegt. In diesem Fall ist zusätzlich eine Schutzlage zwischen Sandbett und Abdichtungsebene einzuplanen, die idealerweise aus einem Schutzestrich besteht. Aber auch polyurethangebundene Gummigranulatmatten mit mindestens 10 mm Stärke oder 50 mm starke Wärmedämmplatten können angeordnet werden. Die Trenn- und Gleitlage unter dem Estrich kann dann auf eine Trennschicht reduziert werden.

Eine Trennlage verhindert das Eindringen des Estrich-Anmachwassers in die Dämmung und daraus resultierende Schall- oder Wärmebrücken.

Tabelle 060|2-01: Aufbauten von Kellerfußböden – Unterbeton bei Bodenfeuchtigkeit

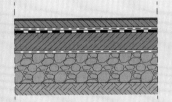

Bodenbelag
Estrich
Trenn-/Gleitlagen
Horizontalabdichtung
Unterbeton (bewehrt)
Trennlage
ev. Rollierung
Erdreich

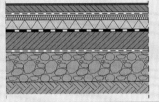

Bodenbelag
Estrich
Trennlage
Trittschalldämmung
Wärmedämmung
Horizontalabdichtung
Unterbeton (bewehrt)
Trennlage
ev. Rollierung
Erdreich

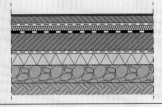

Bodenbelag
Estrich
Trennlage
Trittschalldämmung
Horizontalabdichtung
Unterbeton (bewehrt)
Trennlage
Wärmedämmung
ev. kapillarbrechende Schicht
Erdreich

Ähnliche Überlegungen wie bei Kellerfußböden über einem Unterbeton gelten auch für Kellerfußböden über einer Bodenplatte. Bei Stahlbetonplatten ist es wesentlich, eine ebene und in ausreichendem Maße tragfähige Unterlage für die Bewehrung vorzusehen. Die unten liegende Wärmedämmung ist deshalb in der Regel druckfest auszuführen (z. B. Schaumglas in Bitumen, XPS-G, Belastungsgruppe 30 – 70). Für eine Sicherstellung der Betondeckung kann der Einbau eines Schutzbetons auf der Wärmedämmung erforderlich werden.

Im Falle von stauendem oder drückendem Wasser sind erhöhte Anforderungen an die Abdichtung zu stellen. Grundsätzlich ist zu beachten, dass drückendes Wasser die Abdichtungsbahnen gegen ein festes Hindernis drücken sollte, weshalb die Abdichtungsebene immer unter der Bodenplatte anzuordnen ist. Da nach der Herstellung der Abdichtung weitere Arbeiten über der

Im Falle von stauendem oder drückendem Wasser sind erhöhte Anforderungen an die Abdichtung zu stellen.

Abdichtungsebene ausgeführt werden, ist eine Schutzschicht üblicherweise aus einem Schutzbeton oder alternativ aus Gummigranulatmatten aufzubringen.

Tabelle 060|2-02: Aufbauten von Kellerfußböden – Bodenplatte bei Bodenfeuchtigkeit

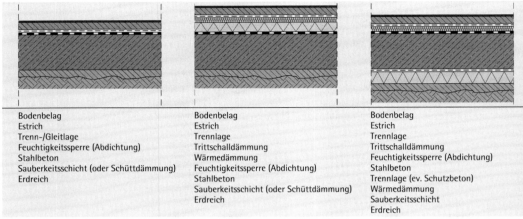

Bodenbelag	Bodenbelag	Bodenbelag
Estrich	Estrich	Estrich
Trenn-/Gleitlage	Trennlage	Trennlage
Feuchtigkeitssperre (Abdichtung)	Trittschalldämmung	Trittschalldämmung
Stahlbeton	Wärmedämmung	Feuchtigkeitssperre (Abdichtung)
Sauberkeitsschicht (oder Schüttdämmung)	Feuchtigkeitssperre (Abdichtung)	Stahlbeton
Erdreich	Stahlbeton	Trennlage (ev. Schutzbeton)
	Sauberkeitsschicht (oder Schüttdämmung)	Wärmedämmung
	Erdreich	Sauberkeitsschicht
		Erdreich

Tabelle 060|2-03: Aufbauten von Kellerfußböden – Bodenplatte als schwarze Wanne

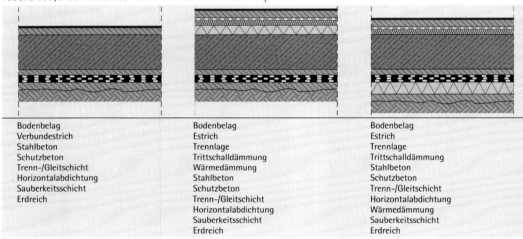

Bodenbelag	Bodenbelag	Bodenbelag
Verbundestrich	Estrich	Estrich
Stahlbeton	Trennlage	Trennlage
Schutzbeton	Trittschalldämmung	Trittschalldämmung
Trenn-/Gleitschicht	Wärmedämmung	Stahlbeton
Horizontalabdichtung	Stahlbeton	Schutzbeton
Sauberkeitsschicht	Schutzbeton	Trenn-/Gleitschicht
Erdreich	Trenn-/Gleitschicht	Horizontalabdichtung
	Horizontalabdichtung	Wärmedämmung
	Sauberkeitsschicht	Sauberkeitsschicht
	Erdreich	Erdreich

Bei Dichtbetonplatten ist das Eindringen von Wasser durch die porenarme Betonstruktur behindert, geringe Feuchtigkeitsmengen könnten allerdings auch bei Dichtbeton ins Rauminnere durchtreten. Diese sind jedoch klein, ebenso wie die im Bauteil vorhandenen Restwassermengen, sodass sie bei normaler Kellernutzung üblicherweise problemlos abtrocknen können. Werden die Abtrocknungsprozesse behindert oder sind im Bodenaufbau Elemente, die feuchtigkeitsempfindlich sind, ist es empfehlenswert, die Oberfläche durch eine Lage bituminöser Abdichtung zu verschließen. Um Zwänge zu reduzieren, erleichtern Gleitfolien eine Verschiebung (Schwindverkürzungen) der Bodenplatte oder es sind Schwindfelder anzuordnen.

Geringe Feuchtigkeitsmengen könnten auch bei Dichtbeton ins Rauminnere durchtreten.

Die Bodenaufbauten für die Ausführung einer braunen Wanne entsprechen jenen der weißen Wanne mit einer zusätzlichen, außen liegenden Bentonit-Dichtmatte und einer darüber befindlichen Trennlage aus einer PE-Folie zur Verhinderung vorzeitigen Feuchtigkeitseintrittes sowie einem Schutzbeton.

Tabelle 060|2-04: Aufbauten von Kellerfußböden – Bodenplatte als weiße Wanne

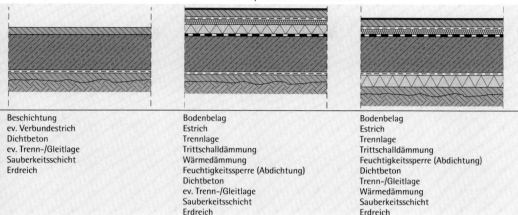

Beschichtung	Bodenbelag	Bodenbelag
ev. Verbundestrich	Estrich	Estrich
Dichtbeton	Trennlage	Trennlage
ev. Trenn-/Gleitlage	Trittschalldämmung	Trittschalldämmung
Sauberkeitsschicht	Wärmedämmung	Feuchtigkeitssperre (Abdichtung)
Erdreich	Feuchtigkeitssperre (Abdichtung)	Dichtbeton
	Dichtbeton	Trenn-/Gleitlage
	ev. Trenn-/Gleitlage	Wärmedämmung
	Sauberkeitsschicht	Sauberkeitsschicht
	Erdreich	Erdreich

Tabelle 060|2-05: Aufbauten von Kellerfußböden – Bodenplatte als braune Wanne

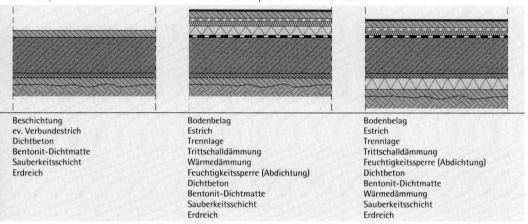

Beschichtung	Bodenbelag	Bodenbelag
ev. Verbundestrich	Estrich	Estrich
Dichtbeton	Trennlage	Trennlage
Bentonit-Dichtmatte	Trittschalldämmung	Trittschalldämmung
Sauberkeitsschicht	Wärmedämmung	Feuchtigkeitssperre (Abdichtung)
Erdreich	Feuchtigkeitssperre (Abdichtung)	Dichtbeton
	Dichtbeton	Bentonit-Dichtmatte
	Bentonit-Dichtmatte	Wärmedämmung
	Sauberkeitsschicht	Sauberkeitsschicht
	Erdreich	Erdreich

Für erdberührte Fußböden beheizter Kellerräume wird – unabhängig von der Höhenlage des Fußbodens in Relation zum Geländeniveau – ein höchstzulässiger Wärmedurchgangskoeffizient von 0,4 W/m²K gefordert. Für herkömmliche Fußbodenaufbauten (5 cm Betonestrich, schwimmend verlegt) bei einer 30 cm dicken Stahlbeton-Fundamentplatte sind Dämmstoffschichtdicken nach Tabelle 060|2-06 vorzusehen.

Tabelle 060|2-06: Kellerfußboden – erforderliche Dämmstoffdicken

Wärmedurchgangskoeffizient (U-Wert) [W/(m²K)]	erforderliche Dämmstoffstärke bei $\lambda = 0,04$ [W/(m·K)]
0,70	5 cm
0,60	6 cm
0,50	7 cm
0,40	**9 cm**
0,30	13 cm
0,20	19 cm

$R_{si} = 0,17$ m²K/W   Stahlbeton: $d = 30$ cm; $\lambda = 2,30$ W/(m²K)
Betonestrich: $d = 5$ cm; $\lambda = 1,90$ W/(m²K)

Beispiel 060|2-01: Wärme-, Schallschutz von Kellerfußböden – Unterbeton bei Boden-
feuchtigkeit

	Dicke [cm]			Schichtbezeichnung	ρ [kg/m³]	λ [W/(mK)]
	A	B	C			
	2,0	2,0	2,0	Bodenbelag	–	–
	6,0	6,0	6,0	Estrich	2000	1,500
	–	–	–	Trennlage	–	–
	d_1		d_1	Trittschalldämmung ($s' = 11$ MN/m³)	20	0,040
	d_2			Wärmedämmung	20	0,040
	–	–	–	Horizontalabdichtung	–	–
	t	t	t	Unterbeton bewehrt	2200	1,900
	–	–	–	Trennlage	–	–
			d_2	Wärmedämmung	20	0,040
	20	20	20	Rollierung	–	–

Variante	$d_1 + d_2$ [cm]	Wärmeschutz				Schallschutz			
		U-Wert [W/(m²K)] bei Plattenstärke t [cm]				$L_{nT,w}$ [dB] bei Plattenstärke t [cm]			
		12	14	16	18	12	14	16	18
A	3	0,98	0,97	0,96	0,95				
	5	0,66	0,65	0,65	0,64				
	8	0,44	0,44	0,44	0,43	52	50	48	46
	10	0,36	0,36	0,36	0,36				
	14	0,27	0,26	0,26	0,26				
	18	0,21	0,21	0,21	0,21				
B	–	3,66	3,53	3,40	3,28	80	77	75	74
C	3	0,98	0,97	0,96	0,95				
	5	0,66	0,65	0,65	0,64				
	8	0,44	0,44	0,44	0,43	52	50	48	46
	10	0,36	0,36	0,36	0,36				
	14	0,27	0,26	0,26	0,26				
	18	0,21	0,21	0,21	0,21				

Beispiel 060|2-02: Wärme-, Schallschutz von Kellerfußböden – Bodenplatte bei Boden-
feuchtigkeit

	Dicke [cm]			Schichtbezeichnung	ρ [kg/m³]	λ [W/(mK)]
	A	B	C			
	2,0	2,0	2,0	Bodenbelag	–	–
	6,0	6,0	6,0	Estrich	2000	1,500
	–	–	–	Trennlage	–	–
	d_1		d_1	Trittschalldämmung ($s' = 11$ MN/m³)	20	0,040
	d_2			Wärmedämmung	20	0,040
	–	–	–	Horizontalabdichtung	–	–
	t	t	t	Stahlbeton	2300	2,300
	–	–	–	Trennlage	–	–
			d_2	Wärmedämmung	20	0,040
	6,0	6,0	6,0	Sauberkeitsschicht	2200	1,600

Variante	$d_1 + d_2$ [cm]	Wärmeschutz				Schallschutz			
		U-Wert [W/(m²K)] bei Plattenstärke t [cm]				$L_{nT,w}$ [dB] bei Plattenstärke t [cm]			
		25	30	40	50	25	30	40	50
A	3	0,90	0,89	0,85	0,82				
	5	0,62	0,61	0,60	0,58				
	8	0,42	0,42	0,41	0,41	37	35	31	28
	10	0,35	0,35	0,34	0,34				
	14	0,26	0,26	0,26	0,25				
	18	0,21	0,21	0,20	0,20				
B	–	2,81	2,65	2,37	2,15	65	62	59	56
C	3	0,90	0,89	0,85	0,82				
	5	0,62	0,61	0,60	0,58				
	8	0,42	0,42	0,41	0,41	37	35	31	28
	10	0,35	0,35	0,34	0,34				
	14	0,26	0,26	0,26	0,25				
	18	0,21	0,21	0,20	0,20				

Beispiel 060|2-03: Wärme-, Schallschutz von Kellerfußböden – Bodenplatte als schwarze Wanne

Dicke [cm] A	B	C	Schichtbezeichnung	ρ [kg/m³]	λ [W/(mK)]
2,0	2,0	2,0	Bodenbelag	–	–
6,0	6,0	6,0	Estrich	2000	1,500
–		–	Trennlage	–	–
d_1		d_1	Trittschalldämmung	20	0,040
d_2			Wärmedämmung	20	0,040
t	t	t	Stahlbeton	2300	2,300
6,0	6,0	6,0	Schutzbeton	2200	1,600
–		–	Trenn-/Gleitlage	–	–
–	–	–	Horizontalabdichtung	–	–
		d_2	Wärmedämmung	20	0,040
6,0	6,0	6,0	Sauberkeitsschicht	2200	1,600

Variante	d_1+ d_2 [cm]	Wärmeschutz U-Wert [W/(m²K)] bei Plattenstärke t [cm]				Schallschutz $L_{nT,w}$ [dB] bei Plattenstärke t [cm]			
		25	30	40	50	25	30	40	50
A	3	0,87	0,86	0,83	0,80				
	5	0,61	0,60	0,59	0,57				
	8	0,42	0,41	0,41	0,40	35	33	30	27
	10	0,35	0,34	0,34	0,33				
	14	0,26	0,26	0,25	0,25				
	18	0,20	0,20	0,20	0,20				
B	-	2,54	2,41	2,18	1,99	62	60	57	54
C	3	0,87	0,86	0,83	0,80				
	5	0,61	0,60	0,59	0,57				
	8	0,42	0,41	0,41	0,40	35	33	30	27
	10	0,35	0,34	0,34	0,33				
	14	0,26	0,26	0,25	0,25				
	18	0,20	0,20	0,20	0,20				

Beispiel 060|2-04: Wärme-, Schallschutz von Kellerfußböden – Bodenplatte als weiße Wanne

Dicke [cm] A	B	C	Schichtbezeichnung	ρ [kg/m³]	λ [W/(mK)]
2,0		2,0	Bodenbelag	–	–
6,0	6,0	6,0	Estrich	2000	1,500
–		–	Trennlage	–	–
d_1		d_1	Trittschalldämmung	20	0,040
d_2			Wärmedämmung	20	0,040
–		–	Horizontalabdichtung	–	–
t	t	t	Dichtbeton	2400	2,300
–	–	–	Trennlage	–	–
		d_2	Wärmedämmung	20	0,040
6,0	6,0	6,0	Sauberkeitsschicht	2200	1,600

Variante	d_1+ d_2 [cm]	Wärmeschutz U-Wert [W/(m²K)] bei Plattenstärke t [cm]				Schallschutz $L'_{nT,w}$ [dB] bei Plattenstärke t [cm]			
		25	30	40	50	25	30	40	50
A	3	0,90	0,89	0,85	0,82				
	5	0,62	0,61	0,60	0,58				
	8	0,42	0,42	0,41	0,41	37	35	31	28
	10	0,35	0,35	0,34	0,34				
	14	0,26	0,26	0,26	0,25				
	18	0,21	0,21	0,20	0,20				
B	-	2,81	2,65	2,37	2,15	64	62	58	55
C	3	0,90	0,89	0,85	0,82				
	5	0,62	0,61	0,60	0,58				
	8	0,42	0,42	0,41	0,41	37	35	31	28
	10	0,35	0,35	0,34	0,34				
	14	0,26	0,26	0,26	0,25				
	18	0,21	0,21	0,20	0,20				

Kellerwände

Kellerwände werden aus unterschiedlichen Materialien oder Systemen hergestellt. Die Grundbeanspruchungen und die Reaktionen sind jedoch bei allen Wänden gleich. Die auf Kelleraußenwände wirkenden Kräfte setzen sich aus Gebäudelasten und den näherungsweise horizontal wirkenden Kräften aus Erd- und gegebenenfalls Wasserdruck zusammen. Die maßgebenden Anteile der Belastung ergeben sich aus dem Eigengewicht der Decken und Wände sowie den Nutzlasten, deren Größe sich aus den Widmungen ableitet. Die Horizontalbeanspruchung aus dem Erddruck hängt von den Bodenkennwerten der Arbeitsgrabenhinterfüllung und von der Einbindetiefe des Kellers im Erdreich ab. Liegt der höchste Bemessungswasserstand über der Fundamentsohle, so werden zusätzliche Einwirkungen aus dem Wasserdruck wirksam.

Bei der Bemessung von Keller- und Stützwänden ist gemäß ÖNORM EN 1991-1-1 [74] in Verbindung mit ÖNORM B 1991-1-1 [62] ein erhöhter Erddruck als Folge einer auf der anschließenden Fläche befindlichen zusätzlichen Auflast zu berücksichtigen. Letztere ist hierbei entsprechend der Nutzungskategorie zu bestimmen. Sind die anschließenden Flächen Fahrbahnen von Straßen, so ist eine Auflast von q_k = 15,0 kN/m² anzusetzen (siehe Band 2: Tragwerke [7]). Da in der Regel davon auszugehen ist, dass auch Lastkraftwagen die Gehsteige befahren, muss auch für den Fall von an die Kellerwand angrenzenden Gehsteigen die Nutzungsart „Fahrbahnen" angenommen werden.

Die auf Kelleraußenwände wirkenden Kräfte setzen sich aus Gebäudelasten und Kräften aus Erd- und gegebenenfalls Wasserdruck zusammen.

Tabelle 060|2-07: Auflasten zur Bemessung von Kellerwänden [74][62]

Nutzungsart	Kategorie	q_k [kN/m²]
Wohnflächen	A	2,0 – 4,0
Büroflächen	B	2,0 – 3,0
Flächen mit Personenansammlungen	C	2,0 – 6,0
Verkaufsflächen	D	4,0 – 5,0
Lagerflächen	E	1,0 – 5,0
Parkhäuser mit Fahrzeugen ≤30 kN	F	2,5
Parkhäuser mit Fahrzeugen 30 bis 160 kN	G	5,0
Fahrbahnen von Straßen		15,0

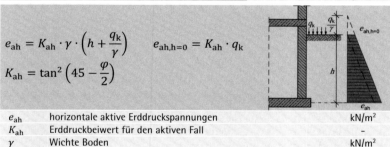

$$e_{ah} = K_{ah} \cdot \gamma \cdot \left(h + \frac{q_k}{\gamma} \right) \qquad e_{ah,h=0} = K_{ah} \cdot q_k$$

$$K_{ah} = \tan^2 \left(45 - \frac{\varphi}{2} \right)$$

(060|2-01)

e_{ah}	horizontale aktive Erddruckspannungen	kN/m²
K_{ah}	Erddruckbeiwert für den aktiven Fall	-
γ	Wichte Boden	kN/m²
h	Höhe	m
q_k	Auflast	kN/m²
φ	Reibungswinkel Boden	°

				$K_{ah} \cdot \gamma$ [kN/m³]			
φ [°]		25,0	27,5	30,0	32,5	35,0	37,5
K_{ah} [–]		0,41	0,37	0,33	0,30	0,27	0,24
	18,0	7,31	6,63	6,00	5,42	4,88	4,38
γ	19,0	7,71	7,00	6,33	5,73	5,15	4,62
[kN/m³]	20,0	8,12	7,36	6,67	6,02	5,42	4,86
	21,0	8,52	7,73	7,00	6,32	5,69	5,11

Neben der dreiecksförmig verteilten horizontalen Druckverteilung ist auch die vertikal gerichtete Gleichlast, die unter der Gründungssohle Auftrieb erzeugt, zu berücksichtigen (Erddruckermittlung siehe Band 3: Gründungen [8]).

Formel (060|2-02) mit der angefügten Tabelle gibt Werte für den Quotienten m an, mit dem die für eine Kellerbemessung wesentlichen Kräfte und Momente abgeschätzt werden können. Dabei wird nach der Art der realisierbaren Stützung bzw. der Einspannung unterschieden. Es ist jedoch zu überprüfen, ob die Momente durch die vorhandene Auflast (vor allem bei Mauerwerk) überhaupt aufnehmbar sind.

Neben der dreiecksförmig verteilten horizontalen Druckverteilung ist auch die vertikal gerichtete Gleichlast zu berücksichtigen.

$$H = \frac{e_{ah} \cdot h}{m} \qquad M = \frac{e_{ah} \cdot h^2}{m}$$

(060|2-02)

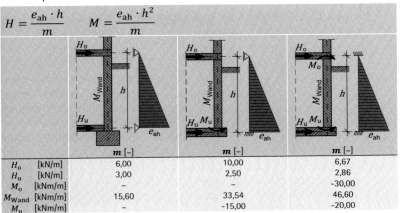

		m [-]	m [-]	m [-]
H_o	[kN/m]	6,00	10,00	6,67
H_u	[kN/m]	3,00	2,50	2,86
M_o	[kNm/m]	–	–	-30,00
M_{Wand}	[kNm/m]	15,60	33,54	46,60
M_u	[kNm/m]	–	-15,00	-20,00

Die horizontalen Kräfte müssen durch die Plattenwirkung der Wandelemente in die Fundamentkonstruktion und Kellerdecke sowie in die aussteifenden Querwände übertragen werden. Oft kann ein Biegemoment nur durch „Überdrückung" durch entsprechend hohe Auflasten in ausreichendem Maß aufgenommen werden. Die Lagerung der Außenwand muss bei Mauerwerkskonstruktionen in der Regel oben und unten als gelenkig angesehen werden. Stellt man auch die aussteifenden Querwände in Rechnung, erhält man im Falle einer biegetragfähigen Wandscheibe das Modell einer vierseitig gestützten Platte mit Normalkraft in der Ebene bei dreiecksförmiger bzw. trapezförmiger Querbelastung. Im Mauerwerksbau darf jedoch eine Zugfestigkeit des Materials nur bedingt in Rechnung gestellt werden. Die Momentenaufnahme wird primär durch das Überdrücken mit Normalkräften ermöglicht. Die Ausmitte der exzentrischen Normalkraft darf ein Aufklaffen der Lagerfuge bis maximal zur Mauermitte hervorrufen. Bei der Abdichtung gegen Bodenfeuchtigkeit ist dabei auf genügende Elastizität und die Fähigkeit zur Rissüberbrückung des Abdichtungsstoffes zu achten. Für den Wandbau im Keller stehen folgende Materialien/Bauweisen zur Verfügung:

Im Mauerwerksbau darf eine Zugfestigkeit des Materials nur bedingt in Rechnung gestellt werden.

- Wände aus Ortbeton (bewehrt oder unbewehrt)
- Wände aus Schalungssteinen mit Beton verfüllt
- Wände aus Mauersteinen
- Wände aus großformatigen Fertigteilen

Die Beurteilung dieser Materialien und Systeme im Sinne ihres statisch-konstruktiven Verhaltens kann anhand dreier Faktoren vorgenommen werden:
- vertikale Tragfähigkeit
- Möglichkeit einer Plattentragwirkung
- Möglichkeit einer Fußpunkteinspannung durch Steckeisen

Ortbeton, bewehrt oder unbewehrt

Im Allgemeinen werden Kellerwände in Ortbetonbauweise aus unbewehrtem oder bewehrtem Beton, Stahlbeton oder Dichtbeton (weiße Wanne) hergestellt. Mit Ausnahme des Dichtbetons bei diffusionsoffenen Aufbauten sind bei allen Herstellungsarten entsprechende Feuchtigkeitsabdichtungen anzubringen. Im Einfamilienhausbau werden Ortbeton-Kellerwände auch aus unbewehrtem Beton hergestellt. Ab einer Festigkeitsklasse von C12/15 und Wandstärken ab 20 cm kann durch Zulage einer die Zugkräfte abdeckenden Bewehrung mit einer ausreichenden Plattentragwirkung für die Abtragung der horizontalen Kräfte gerechnet werden. Im Mehrfamilienhausbau setzt man zumeist Stahlbetonwände ein, diese sind dann nach ÖNORM EN 1992-1-1 [75] zu bemessen und zu bewehren.

Im Allgemeinen werden Kellerwände in Ortbetonbauweise aus unbewehrtem oder bewehrtem Beton, Stahlbeton oder Dichtbeton hergestellt.

Doppelwandelemente aus Stahlbeton

Doppelwandelemente (früher als Hohlwände bezeichnet) sind doppelschalige Fertigteileelemente aus Stahlbetonplatten, die durch Gitterstege miteinander verbunden sind, wodurch sie eine schubfeste Verbindung mit dem vor Ort eingebrachten Füllbeton ermöglichen. Diese Wände können wie monolithische Stahlbetonwände behandelt und Zusatzbewehrungen problemlos zugelegt werden. Die Wandstärke variiert zwischen 18 und 30 cm. Diese Bauform ersetzt bei halbwegs regelmäßigen Grundrissen wegen der einfacheren Herstellung (Schalung entfällt) in zunehmendem Maße die geschalten Ortbetonwände. Sofern eine dichte Kellerkonstruktion angestrebt wird, ist diese Konstruktionsform mit besonderer Sorgfalt und unter Beachtung der VÖB Richtlinie „Wasserundurchlässige Betonbauwerke in Fertigteilbauweise" [49] auszuführen.

Wände aus Schalungssteinen mit Beton verfüllt

Wegen des Schalungsaufwandes für Ortbetonwände wird bei Kleinbaustellen in vielen Fällen dem Schalsteinmauerwerk der Vorzug gegeben. Dabei ist im Besonderen auf eine kraftschlüssige Verbindung mit dem Fundament zu achten. Diese Verbindung wird durch den Einbau von Steckeisen hergestellt. Der statisch wirksame Kern besteht aus Normalbeton und kann auch als bewehrter Beton ausgeführt werden. Mantelsteine werden zum Teil aus Leichtbeton angeboten, einige Hersteller produzieren Steine auch mit integrierter Wärmedämmung. Diese Ausführungen sind jedoch nur bei beheizbaren Kellerräumen sinnvoll.

Wegen des Schalungsaufwandes für Ortbetonwände wird bei Kleinbaustellen häufig dem Schalsteinmauerwerk der Vorzug gegeben.

Wände aus Mauersteinen

Für die Ausführung von Kellerwänden aus Mauerwerk sind für einen vereinfachten konstruktiven Nachweis die Bestimmungen der ÖNORM B 1996-3 [65] mit Mindestwandstärken sowie Mindest- und Maximalauflasten und geometrischen materialspezifischen Anforderungen einzuhalten. Ein genauer Nachweis bei Abweichen von diesen Forderungen ist für Mauerwerk auch nach ÖNORM EN 1996-1-1 [76] möglich (siehe Band 4: Wände [9]). Der wesentliche Vorteil gegenüber Wänden aus Mantelsteinen besteht in der kürzeren Arbeitszeit. Diesem Vorteil steht jedoch die geringere Tragfähigkeit bei gleicher Wanddicke gegenüber.

- Wanddicke $t \geq 20$ cm
- lichte Höhe der Kellerwand $h \leq 2,6$ m
- Die Kellerdecke wirkt als aussteifende Scheibe und kann die aus dem Erddruck resultierenden Kräfte aufnehmen.

- charakteristische Verkehrslast bezogen auf die Geländeoberfläche im Einflussbereich des Erddrucks höchstens 5 kN/m²
- keine Einzellast von mehr als 15 kN im Abstand von weniger als 1,5 m zur Wand vorhanden
- anschließende Geländeoberfläche im Einflussbereich des Erddrucks horizontal oder von der Wand abfallend
- Anschütthöhe $h_e \leq h$
- keine hydrostatischen Drücke auf die Wand
- In der Kellerwand ist keine Gleitfläche, z. B. infolge einer Feuchtig-keitssperrschicht, vorhanden oder es sind Maßnahmen gesetzt, um die Schubkräfte aufnehmen zu können.

Abbildung 060|2-13: Variable für Kellerwände in Schnitt und Grundriss – analog ÖNORM EN 1996-3 [77]

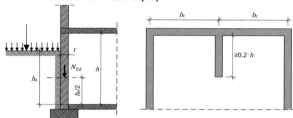

Wände aus großformatigen Fertigteilen

Als Alternative zu den herkömmlichen Methoden des Wandbaues im Keller erlangten raumhohe Fertigteile in den letzten Jahren einen erheblichen Marktanteil. Die vorgefertigten Wandplatten aus Beton werden mit schon eingebauten Zargen versetzt und mit den aufgesetzten Deckenelementen in einem Zug vergossen. Dadurch kann die Arbeitszeit auf der Baustelle bedeutend verkürzt werden. Am Fußpunkt der Wandelemente erfolgt die Krafteinleitung in die Fundamente durch eine formschlüssige Verbindung bzw. durch einen bewehrungsmäßigen Anschluss, der Verbund mit den Deckenelementen und den aussteifenden Querwänden über nachträglich vergossene, bewehrte Roste und Stoßfugen. Fertigteilwände müssen die gleichen Bedingungen wie Stahlbetonwände aus Ortbeton erfüllen, tragende Wände dürfen nur aus geschoßhohen Fertigteilen zusammen-gesetzt werden.

Vorgefertigte Wandplatten aus Beton verkürzen die Arbeitszeit auf der Baustelle bedeutend.

Tabelle 060|2-08: Kellerwände – statisch-konstruktive Beurteilung

Wandbaustoff	Tragfähigkeit	Kommentar
Ortbeton	leicht zu erfüllen	abhängig von Betonfestigkeitsklasse
Schalungssteine	leicht zu erfüllen	abhängig von Betonfestigkeitsklasse
Mauersteine	zu erfüllen	abhängig von Mauerstärke
großformatige Fertigteile	leicht zu erfüllen	abhängig von der Bewehrung
Wandbaustoff	**Plattentragwirkung**	**Kommentar**
Ortbeton	möglich	durch Bewehrung zu erzielen
Schalungssteine	möglich	durch Bewehrung zu erzielen
Mauersteine	nicht möglich	
großformatige Fertigteile	bedingt möglich	wenn Plattengröße gleich Geschoß-höhe/Querscheibenabstand
Wandbaustoff	**Steckeisen**	**Kommentar**
Ortbeton	möglich	
Schalungssteine	möglich	
Mauersteine	nicht möglich	andere Abstützung erforderlich
großformatige Fertigteile	nicht möglich	andere Abstützung erforderlich

Abbildung 060|2-14: Konstruktiver Anschluss Kelleraußenwand an Kellerdecke (ohne Abdichtungsführungen)

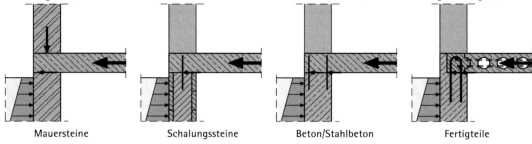

| Mauersteine | Schalungssteine | Beton/Stahlbeton | Fertigteile |

Abbildung 060|2-15: Konstruktiver Anschluss Kelleraußenwand an Fundierung (ohne Abdichtungsführungen)

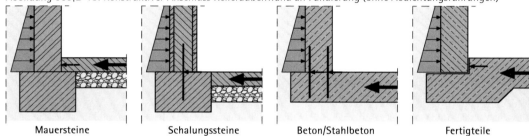

| Mauersteine | Schalungssteine | Beton/Stahlbeton | Fertigteile |

Ziegelkeller

Getragen von der Vorstellung einer nachhaltigen Bauweise durch Verwendung von Ziegeln und der Nutzung der wärmetechnischen Vorteile keramischer Bauelemente werden Ziegelkeller hauptsächlich im Ein- und Mehrfamilienhausbau eingesetzt. Die Fundierung ist aus Beton, die Wände und die Decken – hier hauptsächlich die Füllkörper zwischen den statisch wirkenden Rippen – sind aus Ziegel. Die Wände können ebenso wie bei Verwendung über Terrain als Fertigteilelemente hergestellt und versetzt werden oder aus Schalsteinen mit Ziegelschale. Für die Dimensionierung der gemauerten Wände gelten die Grundsätze für Mauerwerk.

Ziegelkeller werden hauptsächlich im Ein- und Mehrfamilienhausbau eingesetzt.

Fertigkeller

Ausgangspunkt dieser Entwicklung war der Wunsch der Käufer von Fertigteilhäusern, die Vorteile der schnellen, terminsicheren und annähernd schlüsselfertigen Abwicklung der Eigenheimerrichtung auch bei dem ebenso gewünschten Keller zu erhalten. Somit war der Fertigkeller die logische Ergänzung zum Fertighaus. Vorteile der angebotenen Produkte sind vorgefertigte Elektroinstallation und Leerverrohrungen, glatte, spachtelfertige Wandoberflächen und ein reichhaltiges Ergänzungsprogramm wie Treppen, Lichtschächte und Rohrdurchführungen durch Außenwände. Auch wenn das Produkt Fertigkeller bzw. Fertigteilkeller verspricht, einen ganzen Keller aus Fertigteilen zu beziehen, ist der Nutzung der Fertigteilbauweise im Bereich der Fundierung bisher noch kein Durchbruch gelungen. Bodenplatten oder Streifenfundamente werden nach wie vor betoniert und somit monolithisch hergestellt. Nach der Herstellung einer Stahlbetonbodenplatte als Regelausführung werden die Umschließungs- und Tragwände sowie die aussteifenden Wände dann aus Fertigteilen oder Halbfertigteilen aufgestellt. Im Mehrfamilienhausbau hat

Nach wie vor werden Bodenplatten oder Streifenfundamente betoniert und somit monolithisch hergestellt.

sich die Verwendung von Doppelwänden großteils durchgesetzt. Die Decken werden ebenfalls aus Fertigteilen in Vollmontagebauweise (besonders Spannbetonhohldielen) hergestellt, die auch im Industriebau oft eingesetzt werden. Hinsichtlich der Aufbauten ergeben sich durch die Wahl des tragenden Wandbaustoffes (Mauerwerk, Beton oder Schalsteinmauerwerk, wasserundurchlässiger Beton), einer möglichen Wanddämmung und der Wasserbeanspruchung unterschiedliche Schichtreihenfolgen.

Mauerwerk, Schalsteinwände und Betonwände sind im Hinblick auf die üblichen Schichtaufbauten gleichwertig. Der einzige Unterschied ist die Notwendigkeit, die Oberflächen von Mauerwerk und Schalsteinwänden vor dem Aufbringen der Abdichtung entsprechend zu glätten, das kann entweder durch einen Fugenverschluss und Patschok-Putz oder durch eine Grobputzschicht erfolgen. Zu beachten ist, dass nur reine Zementputze Verwendung finden. Um die Wasserableitung vor der Abdichtungsschicht zu verbessern, wird üblicherweise eine Noppenbahn als gleichzeitige Schutzschicht vorgestellt. Früher erfolgten der Schutz und die Wasserableitung oft über eine Vormauerung aus Drainage-Steinen. Den gleichen Schutz- und Drainageeffekt hat auch eine Perimeterdämmung – eine außen liegende Wärmedämmung aus z. B. extrudiertem Polystyrol XPS-G mit einer strukturierten Oberfläche, um das Sickerwasser leichter abführen zu können. Drainagefunktion, Wärmedämmung und mechanischer Schutz sind hier kombiniert. Bei der Wandinnendämmung ist eine Dampfbremse rauminnenseitig in der Regel erforderlich, um Kondensatrisiko in der Wand zu verringern.

Bei der Wandinnendämmung ist eine Dampfbremse rauminnenseitig in der Regel erforderlich, um Kondensat in der Wand zu vermeiden.

Tabelle 060|2-09: Aufbauten von Kellerwänden – Mauerwerk, Schalungssteine

Mauerwerk	Aufbau	Schalungssteine	Aufbau
	Erdreich (Bodenverfüllung) Schutzschicht Vertikalabdichtung Ausgleichsschicht Mauerwerk Innenputz		Erdreich (Bodenverfüllung) Schutzschicht Vertikalabdichtung Ausgleichsschicht Schalungssteine Innenputz
	Erdreich (Bodenverfüllung) Wärmedämmung Vertikalabdichtung Ausgleichsschicht Mauerwerk Innenputz		Erdreich (Bodenverfüllung) Wärmedämmung Vertikalabdichtung Ausgleichsschicht Schalungssteine Innenputz
	Erdreich (Bodenverfüllung) Schutzschicht Vertikalabdichtung Ausgleichsschicht Mauerwerk Wärmedämmung Dampfbremse Putzträger Innenputz		Erdreich (Bodenverfüllung) Schutzschicht Vertikalabdichtung Ausgleichsschicht Schalungssteine Wärmedämmung Dampfbremse Putzträger Innenputz

Tabelle 060|2-10: Aufbauten von Kellerwänden als schwarze Wanne

Beton, Stahlbeton	Aufbau	mit Vorsatzschale	Aufbau
	Erdreich (Bodenverfüllung) Schutzschicht Vertikalabdichtung Beton, Stahlbeton		z. B. Bohrpfahlwand Ausgleichsschicht Setzungsfuge/Trennschicht Betonvorsatzschale Vertikalabdichtung Stahlbeton
	Erdreich (Bodenverfüllung) Wärmedämmung Vertikalabdichtung Beton, Stahlbeton		z. B. Bohrpfahlwand Ausgleichsschicht Wärmedämmung Betonvorsatzschale Vertikalabdichtung Stahlbeton
	Erdreich (Bodenverfüllung) Schutzschicht Vertikalabdichtung Beton, Stahlbeton Wärmedämmung Dampfbremse Putzträger Innenputz		z. B. Bohrpfahlwand Ausgleichsschicht Setzungsfuge/Trennschicht Betonvorsatzschale Vertikalabdichtung Stahlbeton Wärmedämmung Dampfbremse Putzträger Innenputz

Im Falle einer schwarzen Wanne ist wichtig, dass der Wasserdruck die Abdichtungsbahn gegen eine feste Ebene drückt, was üblicherweise durch die wandaußenseitige Anordnung der Abdichtung sichergestellt ist. Das setzt jedoch eine Trennung zwischen Abdichtung unter der Bodenplatte und dem späteren Anschluss der Abdichtung der Wand – z. B. mittels „rückläufigem Stoß" – voraus. Soll die Abdichtung vor dem eigentlichen Bauwerk in einem Arbeitsgang hergestellt werden, ist eine Wandrücklage zur Aufbringung der vertikalen Abdichtung vorzusehen. Die Situation entspricht der einer Innenabdichtung, da hier die Tragwand nachträglich errichtet wird. Bei tragenden Innenschalen (Betonvorsatzschalen) ist das feste und unverschiebliche Verankern der die Abdichtung tragenden Außenschale wesentlich, was üblicherweise durch die Durchdringung der Dichtebene mit abdichtenden Tellerankern erfolgt.

Bei der Ausführung von Außenwänden, die gegen Erdreich hergestellt sind (Schlitzwand oder Bohrpfahlwand) und die eine Setzungs- bzw. Bewegungsfuge in ihrem Aufbau inkludieren (zweischalige Wände), ist eine Betonvorsatzschale erforderlich, um einerseits einen glatten Abdichtungsgrund zu schaffen und andererseits eine Beweglichkeit zwischen Innenausbau und Außenschale ohne Scherbeanspruchung der Abdichtungsbahnen zu ermöglichen. Die Verankerung der Betonvorsatzschale in der tragenden Wand erfolgt dann wieder mittels Tellerankern.

Moderne Abdichtungsmaterialien wie Polymerbitumenbahnen mit Kunststoffvlieseinlage sind nicht mehr empfindlich gegen Aufquellen der Trägerlagen – deshalb entfällt die bei Bitumenbahnen mit Rohfilz- oder Glasvliesträgerlagen benötigte Einpressung durch eine steife Schale oder Einlage aus Metallfolie.

Polymerbitumenbahnen mit Kunststoffvlieseinlage sind unempfindlich gegen Aufquellen der Trägerlagen.

Tabelle 060|2-11: Aufbauten von Kellerwänden als weiße Wanne

Dichtbeton	Aufbau	gegen Erdreich	Aufbau
	Erdreich (Bodenverfüllung) Stahlbeton (Dichtbeton)		z. B. Bohrpfahlwand Ausgleichsschicht Setzungsfuge/Trennschicht Stahlbeton (Dichtbeton)
	Erdreich (Bodenverfüllung) Wärmedämmung Stahlbeton (Dichtbeton)		z. B. Bohrpfahlwand Ausgleichsschicht Wärmedämmung Stahlbeton (Dichtbeton)
	Erdreich (Bodenverfüllung) Stahlbeton (Dichtbeton) Abdichtung Wärmedämmung Dampfbremse Putzträger Innenputz		z. B. Bohrpfahlwand Ausgleichsschicht Setzungsfuge/Trennschicht Stahlbeton (Dichtbeton) Abdichtung Wärmedämmung Dampfbremse Putzträger Innenputz

Tabelle 060|2-12: Aufbauten von Kellerwänden als braune Wanne

Stahlbeton	Aufbau	gegen Erdreich	Aufbau
	Erdreich (Bodenverfüllung) Schutzschicht Bentonit-Dichtmatte Stahlbeton (Dichtbeton)		z. B. Bohrpfahlwand Ausgleichsschicht ev. Setzungsfuge/Trennschicht Bentonit-Dichtmatte Stahlbeton (Dichtbeton)
	Erdreich (Bodenverfüllung) Wärmedämmung Bentonit-Dichtmatte Stahlbeton (Dichtbeton)		z. B. Bohrpfahlwand Ausgleichsschicht Wärmedämmung Bentonit-Dichtmatte Stahlbeton (Dichtbeton)
	Erdreich (Bodenverfüllung) Schutzschicht Bentonit-Dichtmatte Stahlbeton (Dichtbeton) Abdichtung Wärmedämmung Dampfbremse Putzträger Innenputz		z. B. Bohrpfahlwand Ausgleichsschicht ev. Setzungsfuge/Trennschicht Bentonit-Dichtmatte Stahlbeton (Dichtbeton) Abdichtung Wärmedämmung Dampfbremse Putzträger Innenputz

Ähnlich wie bei Dichtbetonplatten ist bei Dichtbetonwänden der Wasserdampf-diffusion entsprechendes Augenmerk zu schenken, besonders bei qualitativ hochwertiger Nutzung der Kellerräume und wenn die Abtrocknungsvorgänge behindert werden. Hier gilt ebenso, dass die Innenoberfläche durch Abdichtung gegen Wasserdampfaustritt zu versiegeln ist.

Ist bei der weißen Wanne besonderes Augenmerk auf Fugenausbildung und Rissesicherung zu legen, können bei Anwendung einer Bentonit-Außen-dichtung weniger strenge Maßstäbe angelegt werden. Dennoch ändert sich im Schichtaufbau der braunen Wanne prinzipiell nichts gegenüber dem der weißen Wanne. Als zusätzliche Schutzschichten der außenseitig angeordneten Bentonit-Dichtmatte gegenüber dem Erdreich werden oft Hartfaserplatten eingebaut. Die zusätzlichen Beanspruchungen der Wand aufgrund des Quelldruckes der Bentonitdichtschicht sind für den Einzelfall zu prüfen.

Bei der Anordnung zusätzlicher Dämmschichten unterscheidet man prinzipiell zwischen den Varianten:

- Außendämmung: Die Wärmedämmschicht liegt außerhalb der Kellerwand, praktisch immer vor der Feuchtigkeitsabdichtung, diese Art der Wärme-dämmung wird auch als Perimeterdämmung bezeichnet.
- Innendämmung
- Kerndämmung: Die Wärmedämmschicht liegt zwischen den Wandschalen von zweischaligem Mauerwerk oder ist in Hohlblocksteinen integriert.

Außendämmung

Die Außendämmung wird aufgrund folgender Vorteile in den meisten Fällen ausgeführt:

- – einfacher Einbau
- – Die Vertikalabdichtung der Kellerwand wird gleichzeitig vor mechanischen Beschädigungen geschützt.
- – Durch vollständige Ummantelung der Kelleraußenwände werden Wärmebrücken weitgehend vermieden.
- – generell diffusionstechnisch günstigste Lage der Dämmschicht
- – Die hohe Wärmespeicherfähigkeit ist günstig für durchgehend beheizte Kellerräume.

Die Außendämmung soll mittels bituminöser Kleber punktförmig an die Abdichtung geklebt werden, bei Druckwasserbeanspruchung sind die Platten mit Falz und vollflächig verklebt zu verlegen. Die vertikalen Lasten sollen durch ein Aufstehen auf dem Unterbeton abgeleitet werden, sodass die Abdichtungsschichten nicht durch Scherkräfte beansprucht werden. Auch wenn die Außendämmung mit der Abdichtungsebene durch bituminöse Kleber verbunden wird, ist – den Angaben der Literatur folgend – im Bereich von drückendem Wasser eine mechanische Sicherung gegen Auftrieb vorzusehen, wobei die Abdichtungsebene nicht verletzt werden darf. Aufgrund der besonderen Beanspruchungen, denen direkt ans Erdreich grenzende Wärmedämmschichten ausgesetzt sind, dürfen für Außen-dämmungen nur Dämmmaterialien verwendet werden, die dem Erddruck bzw. der mechanischen Beanspruchung beim Verdichten des hinterfüllten Arbeitsgrabens standhalten, frostbeständig sind und praktisch keine Feuchtigkeit aufnehmen. Folgende Wärmedämmmaterialien sind daher einsetzbar:

Vertikale Lasten in der Dämmung sollen durch ein Aufstehen der Außendämmung auf dem Unterbeton abgeleitet werden.

Für Außendämmungen dürfen nur Materialien verwendet werden, die dem Erddruck stand-halten, frostbeständig sind und praktisch keine Feuchtigkeit aufnehmen.

- extrudierte Polystyrol-Hartschaumplatten (Produktart XPS-G, Belastungsgruppen 30 bis 70)
- Polyurethan-Platten
- Schaumglas (Produktart: Foamglas, Coriglas)

Für diesen Anwendungsbereich ungeeignet sind expandierte Polystyrol-Hartschaumplatten, alle Faserdämmstoffe sowie Dämmstoffe pflanzlichen Ursprungs und solche mit quellenden oder nicht fäulnisbeständigen Bindemitteln, die bei dauernder Feuchtigkeitseinwirkung verrotten. Bei der Dimensionierung der Dämmschichtdicke erfolgt bei außenseitiger Anordnung ein Zuschlag von 10 %, um die verringerte Dämmwirkung zufolge ständigem Wasserkontakt der Dämmebene zu berücksichtigen. Für eine 20 cm starke Kelleraußenwand aus Beton mit außen liegender Wärmedämmung aus extrudiertem Polystyrol sind Dämmstoffstärken nach Tabelle 060|2-13 vorzusehen.

Tabelle 060|2-13: Kellerwände mit Außendämmung – erforderliche Dämmstoffdicken

Wärmedurchgangskoeffizient (U-Wert) [W/(m²K)]	erforderliche Dämmstoffstärke aus extrudiertem Polystyrol $\lambda = 0{,}04$ [W/(m·K)]
0,70	5 cm
0,60	6 cm
0,50	7 cm
0,40	9 cm
0,30	13 cm
0,20	19 cm

$R_{se} = 0{,}04$ m²K/W; $R_{si} = 0{,}13$ m²K/W
Stahlbeton: $d = 20$ cm; $\lambda = 2{,}30$ W/(m²K)

Innendämmung

Außer bei Beanspruchung durch ständig stauendes oder drückendes Wasser kann eine Innendämmung trotz der diffusionstechnisch ungünstigen Lage der Wärmedämmung aus folgenden Gründen zwar vorteilhaft sein, ist aber in einer großflächigen Anwendung immer als problematisch anzusehen:

- geringer Anheizwärmebedarf und kurze Aufheizzeit, was besonders bei vorübergehend benutzten und beheizten Kellerräumen vorteilhaft ist, da Schäden zufolge Wasserdampfdiffusion in solchen Fällen aufgrund der kurzen Belastung weniger wahrscheinlich sind
- Möglichkeit zur nachträglichen Dämmung von Kellerräumen
- Möglichkeit für den Einsatz von Wärmedämmstoffen, die für eine Außendämmung ungeeignet sind
- einfache Möglichkeit der Wärmedämmung eines Raumes innerhalb eines nicht beheizten Bereiches

Kerndämmung

Das System einer Kerndämmung liegt z. B. vor, wenn (vor allem im Einfamilienhausbau) zur Herstellung der Kelleraußenwände Hohlblock-steine mit integrierter Wärmedämmung verwendet werden. Der Vorteil dabei ist die in einem Arbeitsgang hergestellte Wärmedämmung, die jedoch nicht gleichmäßig, sondern mit vielen kleinen Wärmebrücken hergestellt ist sowie eventuell günstigere Herstellungskosten. Diese Ausführung ist nicht sehr stark verbreitet.

Bei Kellerinnenwänden ist zwischen tragenden und nichttragenden Ausführungen zu unterscheiden. Gleiche Baumaterialien wie für die Außenwand zu wählen ist jedoch im Sinne eines kontinuierlichen Bauablaufes zumindest bei den aussteifenden und tragenden Innenwänden ratsam. Natürlich sind auch die

Bei Kellerinnenwänden ist zwischen tragenden und nichttragenden Ausführungen zu unterscheiden.

bauphysikalischen Faktoren wie Wärme- und Schallschutz zu beachten. Die nichttragenden Wände werden meist erst nach Herstellen der Kellerdecke errichtet.

Beispiel 060|2-05: Wärme-, Schallschutz von Kellerwänden – Mauerwerk

	Dicke [cm]			Schichtbezeichnung	ρ	λ
	A	B	C		[kg/m³]	[W/(mK)]
	–		–	Schutzschicht	–	–
		d		Wärmedämmung	20	0,040
	–	–	–	Vertikalabdichtung	–	–
	–	–	–	Ausgleichsschicht	–	–
	t	t	t	Mauerwerk	650	0,200
			d	Wärmedämmung	20	0,040
			–	Dampfbremse	–	–
			–	Putzträger	–	–
	1,5	1,5	1,5	Innenputz	1600	0,700

Variante	d [cm]	Wärmeschutz U-Wert [W/(m²K)] bei Wandstärke t [cm]			Schallschutz R_w [dB] bei Wandstärke t [cm]		
		20	25	30	20	25	30
A	–	0,71	0,61	0,49	47	49	52
B	6	0,34	0,32	0,28			
	8	0,29	0,27	0,25			
	10	0,26	0,24	0,22	47	49	52
	12	0,23	0,21	0,20			
	14	0,20	0,19	0,18			
C	6	0,34	0,32	0,28	51	53	56
	8	0,29	0,27	0,25	52	54	57
	10	0,26	0,24	0,22	53	55	58
	12	0,23	0,21	0,20	54	56	59
	14	0,20	0,19	0,18	55	57	60

Beispiel 060|2-06: Wärme-, Schallschutz von Kellerwänden – Stahlbeton

	Dicke [cm]			Schichtbezeichnung	ρ	λ
	A	B	C		[kg/m³]	[W/(mK)]
	–		–	Schutzschicht	–	–
		d		Wärmedämmung	20	0,040
	–	–	–	Vertikalabdichtung	–	–
	t	t	t	Beton/Stahlbeton	2300	2,300
			d	Wärmedämmung	20	0,040
	–	–	–	Dampfbremse	–	–
			–	Putzträger	–	–
			1,5	Innenputz	1600	0,700

Variante	d [cm]	Wärmeschutz U-Wert [W/(m²K)] bei Wandstärke t [cm]			Schallschutz R_w [dB] bei Wandstärke t [cm]		
		20	25	30	20	25	30
A	–	3,84	3,55	3,16	63	66	69
B	6	0,67	0,67	0,67			
	8	0,50	0,50	0,50			
	10	0,40	0,40	0,40	63	66	69
	12	0,33	0,33	0,33			
	14	0,29	0,29	0,29			
C	6	0,67	0,67	0,67	67	70	73
	8	0,50	0,50	0,50	68	71	74
	10	0,40	0,40	0,40	69	72	75
	12	0,33	0,33	0,33	70	73	76
	14	0,29	0,29	0,29	71	74	77

Kellerdecken

Die Kellerdecke ist nicht nur durch die Ableitung der Deckenlasten in die tragenden Wände beansprucht, sondern auch durch die Abstützung der Kelleraußenwände gegen den Erddruck. Um diesem Umstand Rechnung zu tragen, müssen Kellerdecken entweder als Massivdecken oder als Fertigteil-bzw. Montagedecken mit Querverteilungswirkung ausgebildet sein. Bei letzteren Typen ist zur Sicherstellung dieser Scheibenwirkung der Variante mit nachträglich aufgebrachtem Aufbeton der Vorzug zu geben (siehe Band 5: Decken [10]).

Kellerdecken müssen entweder als Massivdecken oder als Fertigteil- bzw. Montagedecken mit Querverteilungswirkung ausgebildet sein.

Bei den Kellerdecken ergeben sich die unterschiedlichen Aufbauten hauptsächlich durch die Anforderung an die Wärmedämmung, den Tritt-schallschutz sowie die Abdichtung und Nutzung von außen liegenden Deckenbereichen.

Auch Kellerinnendecken bedürfen oftmals einer Wärmedämmung, wobei diese idealerweise an der kälteren Deckenseite angebracht werden sollte. Es kann jedoch auch die Anordnung unter der Decke erforderlich sein, wie im Falle der Forderung nach sehr rasch aufzuheizenden Räumen im Keller. Hier ist die Notwendigkeit einer Dampfbremse zu beachten, wobei zu prüfen ist, in welche Richtung der Dampfdiffusionsstrom wirkt und wie stark die einzelnen Dämmschichten ausgeführt wurden. Trenn- und Gleitschichten unter Zementestrichen sind zweilagig auszuführen, die Trennschicht zwischen Estrich und Trittschalldämmung kann durch nur eine einlagige PE-Folie hergestellt werden, da keine wesentliche Reibung zwischen Folie und Dämmstofflage aufgebaut werden kann. Eine Trennschicht darf jedoch nur bei doppellagig gekreuzter und ausreichend überlappender Verlegung als Dampfbremse in der Berechnung berücksichtigt werden. Die Trittschall- und Wärmedämmschichten unter dem Estrich sind nach der geplanten Belastung des Estrichs entsprechend druckfest auszuführen.

Tabelle 060|2-14: Aufbauten von Kellerinnendecken

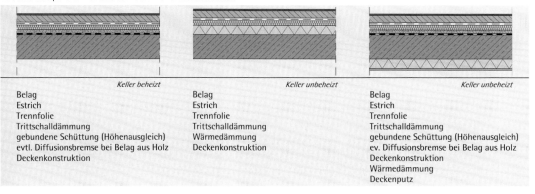

Keller beheizt	Keller unbeheizt	Keller unbeheizt
Belag	Belag	Belag
Estrich	Estrich	Estrich
Trennfolie	Trennfolie	Trennfolie
Trittschalldämmung	Trittschalldämmung	Trittschalldämmung
gebundene Schüttung (Höhenausgleich)	Wärmedämmung	gebundene Schüttung (Höhenausgleich)
evtl. Diffusionsbremse bei Belag aus Holz	Deckenkonstruktion	ev. Diffusionsbremse bei Belag aus Holz
Deckenkonstruktion		Deckenkonstruktion
		Wärmedämmung
		Deckenputz

Beim Gefällebeton sollte von einer Mindeststärke von 3 cm ausgegangen werden, ein Auslaufen auf null ist technisch wegen der Körnung nicht machbar und führt zu einer unsachgemäß rauen Oberfläche der Abdichtungsebene. Im Falle einer Wärmedämmung aus im Bitumen verlegten Schaumglasplatten (wie in Tabelle 060|2-15 ausgeführt, weitere Möglichkeiten siehe Band 9: Flachdach [11]) kann von einer ausreichend dampfdichten Wirkung ausgegangen werden.

Beim Gefällebeton sollte von einer Mindeststärke von 3 cm ausgegangen werden.

Unter dem Kiesbett von Plattenbelägen begehbarer Kellerdecken ist immer ein Vlies als Rieselschutz einzulegen. Dieses schützt auch gleichzeitig die Horizontalabdichtung vor Beschädigung, dennoch ist bei der Einbringung des Kiesbetts und beim Verlegen der Platten besonders auf die Unversehrtheit der Abdichtungsbahn zu achten. Ein zusätzlicher mechanischer Schutz kann durch die direkte Verlegung von Gummischrot-Matten auf der Abdichtungsbahn mit darüber befindlichem Vlies erzielt werden.

Tabelle 060|2-15: Aufbauten von Kelleraußendecken – befahrbar

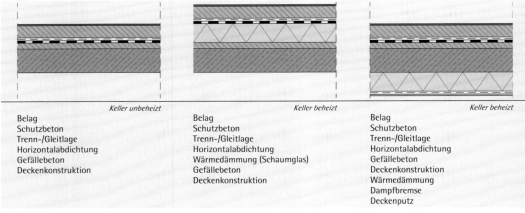

Keller unbeheizt	*Keller beheizt*	*Keller beheizt*
Belag	Belag	Belag
Schutzbeton	Schutzbeton	Schutzbeton
Trenn-/Gleitlage	Trenn-/Gleitlage	Trenn-/Gleitlage
Horizontalabdichtung	Horizontalabdichtung	Horizontalabdichtung
Gefällebeton	Wärmedämmung (Schaumglas)	Gefällebeton
Deckenkonstruktion	Gefällebeton	Deckenkonstruktion
	Deckenkonstruktion	Wärmedämmung
		Dampfbremse
		Deckenputz

Tabelle 060|2-16: Aufbauten von Kelleraußendecken – begehbar, Terrasse

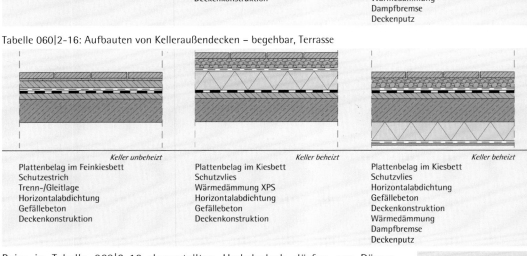

Keller unbeheizt	*Keller beheizt*	*Keller beheizt*
Plattenbelag im Feinkiesbett	Plattenbelag im Kiesbett	Plattenbelag im Kiesbett
Schutzestrich	Schutzvlies	Schutzvlies
Trenn-/Gleitlage	Wärmedämmung XPS	Horizontalabdichtung
Horizontalabdichtung	Horizontalabdichtung	Gefällebeton
Gefällebeton	Gefällebeton	Deckenkonstruktion
Deckenkonstruktion	Deckenkonstruktion	Wärmedämmung
		Dampfbremse
		Deckenputz

Beim in Tabelle 060|2-16 dargestellten Umkehrdach dürfen nur Dämmmaterialien verwendet werden, die keine Feuchtigkeit – auch nicht unter Langzeitbeanspruchungen – aufnehmen können, hier kommen praktisch nur extrudierte Polystyrole XPS-G und Schaumglas in Frage (weitere Aufbauten siehe Band 9: Flachdach [11]). Ausgehend von einer 20 cm dicken Stahlbetondecke als Tragkonstruktion ergeben sich für geforderte Wärmedurchgangskoeffizienten von 0,70 bis 0,20 W/(m²K) erforderliche Dämmstoffdicken von 5 bis 20 cm (Tabelle 060|2-17).

Beim Umkehrdach dürfen nur Dämmmaterialien verwendet werden, die keine Feuchtigkeit aufnehmen können.

Tabelle 060|2-17: Kellerdecke – erforderliche Dämmstoffdicken

Wärmedurchgangskoeffizient (U-Wert) [W/(m²K)]	erforderliche Dämmstoffstärke $\lambda = 0,04$ [W/(m·K)] bei Stahlbetondecken
0,70	5 cm
0,60	6 cm
0,50	8 cm
0,40	10 cm
0,30	13 cm
0,20	20 cm

$R_{se} = 0,04$ m²K/W; $R_{si} = 0,10$ m²K/W
Stahlbeton: $d = 20$ cm; $\lambda = 2,30$ W/(m²K)

Beispiel 060|2-07: Wärme-, Schallschutz von Kellerinnendecken

Dicke [cm] A	B	C	Schichtbezeichnung	ρ [kg/m³]	λ [W/(mK)]
2,0	2,0	2,0	Belag	–	–
6,0	6,0	6,0	Estrich	2000	1,500
–	–	–	Trennlage	–	–
d_1	d_1	d_1	Trittschalldämmung	20	0,040
d_2			Wärmedämmung	20	0,040
t	t	t	Deckenkonstruktion	2300	2,300
		d_2	Wärmedämmung	20	0,040
		1,0	Deckenputz	1600	0,700

Variante	d_1+ d_2 [cm]	Wärmeschutz U-Wert [W/(m²K)] bei Deckenstärke t [cm]				Schallschutz $L_{nT,w}$ [dB] bei Deckenstärke t [cm]				R_w [dB] bei Deckenstärke t [cm]			
		18	20	25	30	18	20	25	30	18	20	25	30
A	3	0,58	0,58	0,57	0,56								
	5	0,45	0,45	0,44	0,44								
	8	0,34	0,34	0,33	0,33	45	44	40	38	69	70	73	76
	10	0,29	0,29	0,29	0,28								
	14	0,22	0,22	0,22	0,22								
	18	0,18	0,18	0,18	0,18								
B	–	0,68	0,68	0,67	0,66	45	44	40	38	69	70	73	76
C	3	0,58	0,58	0,57	0,56					70	71	74	77
	5	0,45	0,45	0,44	0,44					72	73	76	79
	8	0,34	0,34	0,33	0,33	43	42	39	37	73	74	77	80
	10	0,29	0,29	0,29	0,28					74	75	78	81
	14	0,22	0,22	0,22	0,22					75	76	79	82
	18	0,18	0,18	0,18	0,18					76	77	80	83

Beispiel 060|2-08: Wärme-, Schallschutz von Kelleraußendecken – befahrbar

Dicke [cm] A	B	C	Schichtbezeichnung	ρ [kg/m³]	λ [W/(mK)]
2,0	2,0	2,0	Belag	–	–
10,0	10,0	10,0	Schutzstrich	2000	1,500
–	–	–	Trennlage	–	–
–	–	–	Horizontalabdichtung	–	–
d			Wärmedämmung (Schaumglas)	100	0,045
5,0	5,0	5,0	Gefällebeton im Mittel	2000	1,300
t	t	t	Deckenkonstruktion	2300	2,300
		d	Wärmedämmung (Mineralwolle)	20	0,040
		–	Dampfbremse	–	–
		1,0	Deckenputz	1600	0,700

Variante	d [cm]	Wärmeschutz U-Wert [W/(m²K)] bei Deckenstärke t [cm]				Schallschutz $L_{nT,w}$ [dB] bei Deckenstärke t [cm]				R_w [dB] bei Deckenstärke t [cm]			
		20	25	30	40	20	25	30	40	20	25	30	40
A	3	0,91	0,89	0,88	0,85								
	5	0,63	0,62	0,61	0,59								
	8	0,43	0,42	0,42	0,41	64	62	60	56	67	69	71	73
	10	0,35	0,35	0,35	0,34								
	14	0,26	0,26	0,26	0,25								
	18	0,21	0,21	0,20	0,20								
B	–	2,89	2,72	2,57	2,31	64	62	60	56	67	69	71	73
C	3	0,90	0,88	0,87	0,83					70	72	74	76
	5	0,62	0,61	0,60	0,59					71	73	75	77
	8	0,42	0,42	0,42	0,41	62	60	59	55	72	74	76	78
	10	0,35	0,35	0,34	0,34					73	75	77	79
	14	0,26	0,26	0,26	0,25					74	76	78	80
	18	0,21	0,20	0,20	0,20					75	77	79	81

Beispiel 060|2-09: Wärme-, Schallschutz von Kelleraußendecken – begehbar

Dicke [cm] A	B	C	Schichtbezeichnung	ρ [kg/m³]	λ [W/(mK)]
13,0		13,0	Plattenbelag im Kiesbett	2100	–
	7,0		Plattenbelag im Kiesbett	2400	–
–	–	–	Schutzvlies	–	–
		–	Trennlage	–	–
d			Wärmedämmung (XPS)	25	0,035–0,041
–	–	–	Horizontalabdichtung	–	–
5,0	5,0	5,0	Gefällebeton im Mittel	2000	1,500
t	t	t	Deckenkonstruktion	2300	2,300
		d	Wärmedämmung (MW)	20	0,040
		–	Dampfbremse	–	–
		1,5	Deckenputz	1600	0,700

Variante	d [cm]	Wärmeschutz U-Wert [W/(m²K)] bei Deckenstärke t [cm] 20	25	30	40	Schallschutz $L_{nT,w}$ [dB] bei Deckenstärke t [cm] 20	25	30	40	R_w [dB] bei Deckenstärke t [cm] 20	25	30	40
A	3	0,88	0,86	0,85	0,82								
	5	0,58	0,58	0,57	0,56								
	8	0,42	0,42	0,41	0,40	42	40	39	36	68	70	72	74
	10	0,37	0,36	0,36	0,36								
	14	0,27	0,27	0,27	0,26								
	18	0,21	0,21	0,21	0,21								
B	–	3,55	3,30	3,08	2,71	64	62	60	57	66	68	70	73
C	3	0,97	0,95	0,93	0,89					71	73	75	77
	5	0,65	0,64	0,63	0,62					72	74	76	78
	8	0,44	0,43	0,43	0,42	64	62	60	57	73	75	77	79
	10	0,36	0,36	0,35	0,35					74	76	78	80
	14	0,26	0,26	0,26	0,26					75	77	79	81
	18	0,21	0,21	0,21	0,21					76	78	80	82

Bild 060|2-01

Bild 060|2-02

Baugrubenaushub mit Spundwandsicherung
Aushub – Deckelbauweise

Bild 060|2-01
Bild 060|2-02

Bild 060|2-03

Bild 060|2-04

Bild 060|2-05

Fundamentaushub – Streifenfundament mit örtlichen Anvoutungen
Schalung und Bewehrung für Streifenfundamente
Betoniervorgang bei bewehrtem Streifenfundament

Bild 060|2-03
Bild 060|2-04
Bild 060|2-05

Bild 060|2-06

Bild 060|2-07

Betoniervorgang – Bodenplatte
Wärmedämmschicht aus Glasschaumschotter

Bild 060|2-06
Bild 060|2-07

Bild 060|2-08

Bild 060|2-09

Geböschte Baugrube
Böschungsabdeckung mit Planen

Bild 060|2-08
Bild 060|2-09

Bild 060|2-10

Bild 060|2-11

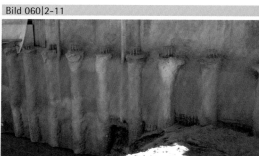

Spritzbetonsicherung für Baugrubenböschung
Aufgelöste Bohrpfahlwand mit Spritzbetonausfachung

Bild 060|2-10
Bild 060|2-11

Bild 060|2-12

Bild 060|2-13

Bild 060|2-14

Schlitzwand als Baugrubensicherung
Baugrube mit tangierender Bohrpfahlwand und Aussteifungshorizont
Abgestützte Bohrpfahlwand mit Spritzbetonsicherung der Zwischenräume

Bild 060|2-12
Bild 060|2-13
Bild 060|2-14

Bild 060|2-15

Bild 060|2-16

Bild 060|2-17

Bild 060|2-18

Bild 060|2-19

Bild 060|2-20

Bild 060|2-21

Bild 060|2-22

Bild 060|2-23

Bild 060|2-24

Bild 060|2-25

Bild 060|2-26

Herstellung – Stahlbetonkeller für Einfamilienhaus   Bilder 060|2-15 bis 26

Bild 060|2-27

Bild 060|2-28

Herstellung Füllkörperdecke mit Gitterstegträgern   Bild 060|2-27
Versetzen Füllkörper zwischen Gitterträger   Bild 060|2-28

Bild 060|2-29

Bild 060|2-30

Ziegelkeller – Wandherstellung
Ziegelkeller – Deckenunterstellung

Bild 060|2-29
Bild 060|2-30

Bild 060|2-31

Bild 060|2-32

Bild 060|2-33

Ziegelkeller nach Wandherstellung
Doppelwandelement beim Versetzen
Einseitige Schalung Kelleraußenwand aus Stahlbeton

Bild 060|2-31
Bild 060|2-32
Bild 060|2-33

Bild 060|2-34

Bild 060|2-35

Schalung Kelleraußenwand aus Stahlbeton mit weißer Wanne
Kelleraußenwände aus Stahlbeton, Kellerinnenwände aus Doppelwandelementen

Bild 060|2-34
Bild 060|2-35

Feuchtigkeitsschutz

Grundsätzlich ist im Erdreich immer mit Feuchtigkeit zu rechnen, welche im Wechsel von Niederschlag, Verdunstung und Versickerung ständigen Schwankungen unterliegt. Eine Übertragung dieser Feuchtigkeit in das Gebäude ist unerwünscht und muss verhindert werden, da durch Feuchtigkeit in den Umfassungsbauteilen eine Weiterleitung auf andere Bauteile und Einrichtungsgegenstände stattfindet, die Entwicklung von Schadinsekten und bauwerks- sowie personenschädigenden Pilzen begünstigt wird und eine Verminderung des Wärmeschutzes und damit eine Erhöhung des Heizenergiebedarfes eintritt. Darüber hinaus können im Wasser gelöste Bodenbestandteile wie freie organische Säuren und Kohlensäure, aber auch Moor- und Meerwasser sowie Industrieabwässer einen schädigenden Einfluss auf ungeschützte Stahlbetonbauteile ausüben.

Die Bauordnungen der einzelnen Bundesländer schreiben für Wohngebäude einen ausreichenden Schutz vor seitlich eindringender und aufsteigender Bodenfeuchtigkeit vor. Das Ausmaß der Schutzvorkehrungen richtet sich dabei nach Größe und Häufigkeit der Feuchtigkeitsbeanspruchung und sollte, da diese Parameter meist unzureichend erkundet werden, immer großzügig ausgelegt sein.

> Die Bauordnungen der einzelnen Bundesländer schreiben für Wohngebäude einen ausreichenden Schutz vor seitlich eindringender und aufsteigender Bodenfeuchtigkeit vor.

Wasserbeanspruchung

Die Art der Beanspruchung durch Bodenfeuchtigkeit steht in engem Zusammenhang mit der Bodenart, der Höhe des Grundwasserspiegels und der Geländeform. Voraussetzung für die Wahl einer angemessenen und wirtschaftlichen Feuchtigkeitsabdichtung im erdberührten Bereich ist die frühzeitige Ermittlung folgender Einflussfaktoren:

- Bodenart (bindig oder nichtbindig) der durchörterten Schichten
- Geländeform – eben oder Hanglage
- mögliche wasserführende Schichten im Untergrund
- höchster auf dem Baugrund zu erwartender Grundwasserspiegel

> Die Beanspruchung durch Bodenfeuchtigkeit steht in engem Zusammenhang mit der Bodenart, der Höhe des Grundwasserspiegels und der Geländeform.

Entsprechend den Erscheinungsformen des Wassers im Boden – Bodenfeuchtigkeit, Sicker-, Schichten-, Stau- und Grundwasser – wird nach ÖNORM B 3692: Planung und Ausführung von Bauwerksabdichtungen [70] zwischen drei Lastfällen unterschieden.

- Bodenfeuchte (kapillar gebundenes oder durch Kapillarkräfte bzw. Wasserdampfdiffusion fortgeleitetes Wasser)
- nicht drückendes Wasser (Wasser, das keinen oder nur geringfügigen hydrostatischen Druck erzeugt)
- drückendes Wasser (Wasser, das hydrostatischen Druck erzeugt)

In Deutschland wird nicht so stark differenziert, hier wird in DIN 18195-4 [54] nur in Abdichtungen gegen Bodenfeuchte und nicht stauendes Sickerwasser an Bodenplatten und Wänden – also nicht von außen drückendes – und in aufstauendes Wasser unterschieden. Diese Trennung ist baupraktisch gesehen logischer, da Bodenfeuchtigkeit und druckloses Wasser nur schwer zu unterscheiden sind.

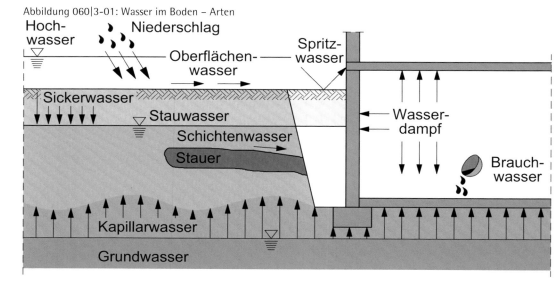

Abbildung 060|3-01: Wasser im Boden – Arten

Niederschlag, Spritzwasser

Regen und Schnee beanspruchen die Wetterschutzhülle von Bauwerken, das Niederschlagswasser muss ordnungsgemäß gefasst und abgeleitet werden. Im Zuge einer stärker naturorientierten Bauphilosophie bemüht man sich in den letzten Jahren verstärkt, natürliche Bodenwasserverhältnisse zu bewahren. Ehemals versiegelte Flächen werden entsiegelt, die Versickerung des Niederschlagswassers auf eigenem Grund vorgeschrieben. Entsprechende Oberflächengestaltung mit angepasstem Wasserrückhaltevermögen wird angestrebt. Dennoch bleibt der alte Grundsatz aufrecht, Wasser mit ausreichendem Gefälle vom Bauteil abzuleiten und nicht direkt an Hausfluchten versickern zu lassen. Traufenpflasterungen schützen nicht nur die Fassaden vor Verschmutzung, sondern sollen eine rasche Ableitung der unter Umständen größeren Niederschlagsmengen erleichtern.

Spritzwasser wirkt gerade in der Sockelzone besonders belastend auf die aufgehenden Bauteile. Auch Schnee und das darauf folgende Tauwasser beanspruchen diese Flächen in hohem Maße. Deshalb hat eine fachgerechte Sockelausbildung bei Hausfassaden Tradition, die aber in zunehmendem Maße in Vergessenheit gerät. Auch die Vorschrift der Abdichtungshochzüge ist unter diesen Aspekten zu sehen und darf nicht aus architektonischen Erwägungen ignoriert werden.

> Grundsätzlich sollte Wasser mit ausreichendem Gefälle vom Bauteil abgeleitet werden und nicht direkt an Hausfluchten versickern.

Hochwasser

Manche Niederschlagsereignisse überfordern die natürlichen Transportmöglichkeiten, Flüsse treten aus dem Flussbett, und die mit Flüssen, Bächen und Kanälen eng verbundenen Grundwassersysteme steigen in entsprechendem Maße, wenn auch etwas zeitverzögert, an. Somit kann Hochwasser sowohl durch nicht ausreichenden Wasserabtransport – also verstärkten Anfall von Oberflächenwasser und Rückstauwasser – wie auch durch stark steigende Grundwasserstände negative Auswirkungen auf Gebäude zeigen (siehe auch Kapitel 060|1|6).

Oberflächenwasser, Sickerwasser

Nach Starkregenereignissen ist oftmals die Wasseraufnahmekapazität von Böden und Entwässerungsanlagen erschöpft und es kommt zu einem vorübergehenden Anstau von Oberflächenwasser. Bei grobkörnigen Böden kann eindringendes Wasser ohne wesentliche Behinderung dem Fließgefälle folgen und sich als Sickerwasser durch die Hohlräume bewegen. Diese sind dann zwar wassergefüllt, doch übt Sickerwasser praktisch keinen hydrostatischen Druck aus.

Bodenfeuchtigkeit

wird als kapillar gebundenes und durch Kapillarkräfte fortgeleitetes Wasser in nichtbindige Böden bzw. nicht stauendes Sickerwasser definiert. Grundsätzlich muss immer mit Bodenfeuchtigkeit gerechnet werden.

Nicht drückendes Wasser

ist Wasser in tropfbar flüssiger Form, z. B. Niederschlags-, Sicker-, Spritz- oder Nutzwasser, das auf die Abdichtung keinen oder nur einen vorübergehend geringfügigen hydrostatischen Druck ausübt.

Kapillarwasser, Haftwasser

Der Boden besteht aus mineralischen oder organischen Bodenpartikeln (Bodenkörnern), dazwischen befinden sich Hohlräume unterschiedlicher Größe. In den feinen Poren oder Zwischenräumen zwischen Kornflächen – den Kapillaren – kann Wasser durch physikalische Effekte wie die Adhäsion gehalten werden oder sogar gegen die Schwerkraft aufsteigen. Haftwasser lagert sich als feiner Film an den Kornoberflächen an, in Kornwinkeln kann Porenwinkelwasser gehalten werden. Chemische Vorgänge bewirken eine hygroskopische Wasseranlagerung. Alle diese Wasserarten werden auch als „nichttropfende Wasser" oder einfach als „Bodenfeuchtigkeit" bezeichnet. In größere Poren und Hohlräumen kann freies Wasser eindringen, welches durch Gravitationsprozesse absinkt.

Abhängig vom Grad der Wasserfüllung unterscheidet man baupraktisch in die Bodenwasserzone (keine durchgehende Füllung der Porenräume) und die Grundwasserzone (Porenräume voll mit Wasser gefüllt). Kapillar- und Haftwasser treten nur in der Bodenwasserzone auf. Abhängig von der Art des Bodens ist die Ausprägung der Porenräume. Feinkörnige Böden weisen naturgemäß kleine Korndurchmesser und daraus folgend feine Poren auf. Kapillar- und Haftwasser können hier auch von der Wassermenge her bedeutend werden – so sind beispielsweise bindige Böden auch noch weit über dem Grundwasserspiegel leicht feucht und trocknen nur langsam aus. Im Gegenzug sind sie von freiem Wasser nur schwer durchströmbar und wirken deswegen stauend. Erst wenn die Porenzwischenräume kleiner werden als der kleinstmögliche Wassertropfen, also kleiner als 100×10^{-9} m, ist das Material als dicht zu bezeichnen. Die baupraktischen Konsequenzen von bindigen Böden sind

- schlechte Wasserableitung und Versickerung von zutretenden Wassern,
- Gefahr aufsteigender Bodenfeuchte auch in Bereichen weit über dem Grundwasserspiegel,
- anhaltende Feuchtigkeitsabgabe an eingebaute Bauteile.

Die kapillare Steighöhe ist grundsätzlich von der Art des Bodens abhängig

- nichtbindig   bis 1,0 m
- schwach- bis mittelbindig   bis 3,0 m
- starkbindig   bis 10 m

> Abhängig vom Grad der Wasserfüllung unterscheidet man baupraktisch in die Bodenwasserzone und die Grundwasserzone.

Grundwasser

Das Wasser der wassergesättigten Zonen im Boden wird als Grundwasser bezeichnet und die Oberfläche der Wasseransammlung auf undurchlässigen Bodenschichten als Grundwasserspiegel. Dieser schwankt jahreszeitlich oder auch mit den Niederschlagsereignissen. Auf Kellerbauwerke wirkt Grundwasser von allen Seiten drückend ein. Gerade im Zusammenhang mit angestrebten langen Nutzungsdauern der Bauwerke ist auf die chemische Zusammensetzung des Grundwassers verstärkt einzugehen. Aggressives Grundwasser ist aus dem Betonbau bekannt, wo eine Beurteilung nach dem Angriffsgrad von natürlichen Wassern die Regel sein sollte. Folgende Parameter beeinflussen die Dauerhaftigkeit des Betons:

- ph-Wert
- kalklösende Kohlensäure (CO_2)
- Ammonium (NH_4^+)
- Magnesium (Mg^{2+})
- Sulfat (SO_4^{2-})

In manchen Gegenden sind Humussäuren verstärkt im Grundwasser anzutreffen. Chloride greifen nicht den Beton selbst, sondern die vorhandene Bewehrung an und sind auch zumeist ein Problem im Spritzwasserbereich und nicht im Grundwasser. In Gebieten mit hoher Dichte an Industrieansiedelungen kommt es verstärkt zu Grundwasserverunreinigungen auch durch Kohlenwasserstoff-Verbindungen oder z. B. durch PCB (polychlorierte Biphenyle). Ob diese zumeist nur in geringster Konzentration auftretenden Chemikalien Abdichtungen auf Bitumenbasis langfristig beanspruchen, ist bislang noch nicht entsprechend untersucht.

Stauwasser

Sickerwasser ist drucklos und folgt der Gravitation in Richtung des Grundwassers. An Hindernissen – so genannten „Stauern" – oder auch an Kellerwänden kann die Wasserabfuhr jedoch behindert oder umgelenkt werden, das Wasser staut sich auf.

Schichtenwasser

Folgt Sickerwasser vorgegebenen Schichten besserer Wegigkeit, wird es Schichtenwasser genannt. Schichtenwasser kann aber – abhängig von der Art der Bodenschichtung – durchaus auch drückend und sehr ergiebig sein. Bei dem Einbau von Hindernissen quer zu wasserführenden Schichten ohne geplante Fassung und Ableitung wird Schichtenwasser jedenfalls drückend.

Wasserdampf

Wasserdampf ist die Bezeichnung des gasförmigen Aggregatzustandes von Wasser. Alle Stoffe, die nicht gasdicht sind, lassen auch Wasserdampf durchtreten – diese Prozesse nennt man Diffusion (siehe Band 1: Bauphysik [6]). Wasserdampf ist als Feuchtigkeitsform baupraktisch bedeutend, da Wasserdampf an kalten Flächen kondensiert – also bei Unterschreitung der Taupunkttemperatur wieder zu Wasser wird.

Brauchwasser

Brauchwasser ist Wasser, das von Nutzern gebraucht wird, also beispielsweise Wasser aus Bädern, Schwimmbecken und Küchen. Es wird in Leitungssystemen transportiert und für den jeweiligen Nutzungszweck eingesetzt. Brauchwasser wird des Öfteren verspritzt oder vergossen und belastet dann direkt die betroffenen Bauteile.

Der Grundwasserspiegel schwankt jahreszeitlich oder mit Niederschlagsereignissen.

Grundwasserverunreinigungen können den Beton, die Bewehrung und die Abdichtungen angreifen.

Damit Gebäude – aber auch andere Bauwerke – ihren Wert dauerhaft erhalten, benötigen sie ausreichenden Schutz gegen Feuchtigkeitszutritt. Das Ausmaß der Schutzvorkehrungen richtet sich dabei nach der Bauwerksart und -nutzung sowie nach Größe und Häufigkeit der Feuchtigkeitsbeanspruchung.

Der erforderliche Schutz gegen Feuchtigkeit richtet sich nach der Bauwerksart und -nutzung sowie nach Größe und Häufigkeit der Feuchtigkeitsbeanspruchung.

Abbildung 060|3-02: Wasser im Boden – Beanspruchungen, Maßnahmen

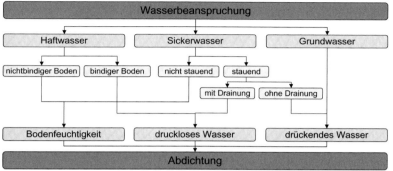

Die Herstellungskosten der Abdichtungen machen im Vergleich zu den Gesamterrichtungskosten des Bauwerkes einen geringen Anteil aus, dennoch entstehen bei nicht fachgerechter Ausführung sehr hohe Folgekosten der Sanierung. Es ist daher ratsam, die Abdichtungsmaßnahmen für die gesamte Nutzungsdauer von Bauwerken auszulegen. Dies ist nicht ganz einfach, da für neuere Abdichtungsverfahren keine ausreichend langen Erfahrungswerte des Materialstandvermögens oder des Alterungsverhaltens verfügbar sind. Von in Normen beschriebenen Materialien kann die Erfüllung obiger Anforderung angenommen werden. Vom Planer einer Abdichtung ist die Belastung durch Wasserangriff anzugeben, z. B. Abdichtung gegen Bodenfeuchtigkeit, Abdichtung gegen nicht drückendes bzw. drückendes Wasser. Hierzu sind die Erkundung des anstehenden Bodens sowie des Bemessungswasserstandes und die Festlegung des Vertragswasserstandes erforderlich.

Tabelle 060|3-01: Zuordnung der Abdichtungsarten zur Wasserbeanspruchung – DIN 18195-1 [53]

Bauteilart	Wasserart	Einbausituation		Art der Wassereinwirkung
erdberührte Wände und Bodenplatten oberhalb des Bemessungswasserstandes	Kapillarwasser, Haftwasser, Sickerwasser	stark durchlässiger Boden (>10⁻⁴ m/s)		Bodenfeuchte und nicht stauendes Sickerwasser
		wenig durchlässiger Boden (≤10⁻⁴ m/s)	mit Drainung	
			ohne Drainung	aufstauendes Sickerwasser
waagrechte und geneigte Flächen im Freien und im Erdreich; Wand- und Bodenflächen in Nassräumen	Niederschlagswasser, Sickerwasser, Anstaubewässerung, Brauchwasser	Balkone u. ä. Bauteile im Wohnungsbau, Nassräume im Wohnungsbau		nicht drückendes Wasser, mäßige Beanspruchung
		genutzte Dachflächen, intensiv begrünte Dächer, Nassräume, Schwimmbäder		nicht drückendes Wasser, hohe Beanspruchung
		nicht genutzte Dachflächen, frei bewittert, ohne feste Nutzschicht, einschließlich Extensivbegrünung		nicht drückendes Wasser
erdberührte Wände, Boden- und Deckenplatten unterhalb des Bemessungswasserstandes	Grundwasser, Hochwasser	jede Bodenart, Gebäudeart und Weise		drückendes Wasser von außen
Wasserbehälter, Becken	Brauchwasser	im Freien und in Gebäuden		drückendes Wasser von innen

Vertragswasserstand nach ÖNORM B 2209 [58]: vertraglich einvernehmlich festgelegter Wasserstand (Grenzpegelstand), Grundwasserspiegel oder freier Wasserspiegel, dessen Angabe in Höhen über Normalnull (NN) erfolgt. Ergänzend ist immer die Geländeoberkante anzugeben.

• Bemessungswasserstand wurde früher in der seit 2014 zurückgezogenen ÖNORM B 7209 [73] beschrieben: bei nichtbindigen Böden der höchste, nach Möglichkeit aus langjähriger Beobachtung ermittelte Grundwasserstand und bei bindigen Böden in der Geländeoberfläche angenommener

Wasserstand. In der ÖNORM B 3692 [70] ist der Begriff Bemessungswasserstand enthalten, aber nicht näher definiert.

Abdichtungsstoffe

Für die flächige Abdichtung erdberührter Bauteile steht eine Vielzahl von Systemen zur Verfügung, die entsprechend der Wasserbeanspruchung eingesetzt werden können, wobei aber nicht alle Produkte in Normen erfasst sind.

Für die flächige Abdichtung erdberührter Bauteile steht eine Vielzahl von Systemen zur Verfügung.

- Bitumen-Abdichtungsbahnen
- Polymer-Bitumenbahnen - Schweißbahnen
  - elastomermodifiziert (PYE)
  - plastomermodifiziert (PYP)
  - mit Einlagen aus Glasgewebe (GG) oder Polyestervlies (PV)
- kaltselbstklebende Polymerbitumenbahnen
- Elastomerdichtungsbahnen mit Selbstklebeschicht
- kaltselbstklebende Bitumendichtungsbahnen auf HDPE-Folie
- kunststoffmodifizierte Bitumendickbeschichtungen
- Spritzabdichtungen mit Reaktivbitumen
- Kunststoff-Dichtungsbahnen (PVC, ECB, EPDM)
- spachtelbare Dichtstoffe aus PU- oder Epoxidharzen
- mineralische Dichtschlämmen
- Dichtbeton: z. B. für W_0-W_2: C25/30(56)/BS1 A
- Sperrputze und Dichtestriche
- Bentonitmatten

Bauwerksabdichtungen sind Schichten aus weitestgehend wasserundurchdringlichen Stoffen. Bei den für Abdichtungen verfügbaren undurchlässigen Materialien reichen bereits kleine Schichtdicken aus, um den Zweck einer Abdichtung zu erreichen, somit werden die weiteren Anforderungen wie notwendige Rissüberbrückungsfähigkeit und Durchdringungswiderstand wesentlich. Diese Eigenschaften sind bei den tiefsten und höchsten zu erwartenden Temperaturen zu betrachten.

Tabelle 060|3-02: Diffusionswiderstandsfaktoren von Abdichtungsstoffen

Materialien	Diffusionswiderstandsfaktor μ
Asphalt	2000
Bitumen	100000
Beton hochwertig	50
PVC-Folien	50000
PE-Folien	100000
XPS-Platten	300
PU-Schaum	50
Zementmörtel	35
Fliesen	300

Dichtigkeit des Stoffgefüges gegen Wassermoleküldurchtritt

- Absolut dicht
  sind Metalle und künstliche wie natürliche Gläser. Der dafür kennzeichnende Parameter ist der Diffusionswiderstandsfaktor. Der Wert für die einzelne Schicht ist das Produkt aus Diffusionswiderstandsfaktor und Schichtdicke. Der μ-Wert für Metalle und Gläser ist unendlich. Für Dampfsperren werden deshalb Bitumenbahnen mit Metalleinlagen verwendet.

Absolut dicht sind Metalle und künstliche wie natürliche Gläser.

- Dicht, aber diffundierbar

  sind organische Polymere wie Bitumen und Kunststoffe und einige wenige mineralische Stoffe (quellbar und ohne Kapillarporen) wie Lehm und Ton oder fugenfreie Zementmörtel oder Beton. Die bei diesen Stoffen gegebene Feuchtigkeitsstromdichte ist nur gering, jedoch vorhanden.

- Durchströmbar

  für flüssiges Wasser und natürlich auch für Wasserdampfmoleküle sind alle übrigen Baustoffe und Böden. Ihre Porenweiten liegen über $1 \cdot 10^{-7}$ m.

Unter Bauwerksabdichtungen gemäß ÖNORM B 3692 [70] subsumiert man Abdichtungen gegen Bodenfeuchtigkeit, gegen nicht drückendes Wasser (Tagwasser, Niederschlagswasser) sowie gegen von außen und von innen drückendes Wasser, ferner Abdichtungen von Bewegungsfugen, Durchdringungen, Übergängen und Abschlüssen sowie Hoch- und Tiefzügen bei Bauwerken. Bauwerksabdichtungen von Decken, Dächern und Balkonen, aber auch von befahrbaren Kellerdecken sind in ÖNORM B 3691 [69] geregelt.

Die vorgegebenen Materialien sind heute so hochwertig, dass eine einlagige Verlegung ausreichende Sicherheit gegen Durchdringen von Feuchtigkeit bieten würde. Die neueren Normen geben ergänzend umfangreiche Hinweise für die Durchführung von Prüfungen der notwendigen Verarbeitungsqualität. Praktisch ist eine umfassende Kontrolle jedoch äußerst schwierig und wird in der Regel auch aus zeitlichen Gründen nicht wahrgenommen. Unter dem Gesichtspunkt der häufig aus Verlegefehlern resultierenden gravierenden und schwer behebbaren Baumängel und des notwendigen Widerstandes gegen Beschädigungen ist die Forderung nach einer erhöhten „Sicherheit", die man durch zweilagiges, versetztes Applizieren der Materialien zweifelsohne erreicht, verständlich. Die gleichen Erwägungen gelten auch für alle anderen Abdichtungsformen.

Die zur Flächenabdichtung erdberührter Bauteile einsetzbaren Abdichtungsmaterialien sind für die jeweilige Art der Beanspruchung (kapillar transportierte Feuchtigkeit, druckloses oder drückendes Wasser) und nach der Nutzung der Kellerräume zu definieren.

Im Kellerbereich werden aus Verarbeitungsgründen meist bituminöse Abdichtungsbahnen den Kunststoffbahnen vorgezogen. Werden die Kellerumfassungsbauteile aus wasserundurchlässigem Beton – unter Berücksichtigung der Vorgaben für die Ausführung weiße Wanne – hergestellt, so ist keine zusätzliche Flächenabdichtung erforderlich. Entscheidet man sich für eine zusätzliche, außen liegende Bentonitlage, kann das Dichtbetonbauwerk mit geringeren Anforderungen z. B. an die Rissweitenbeschränkung als braune Wanne ausgeführt werden.

Abdichtungsmaterialien sind für die jeweilige Art der Beanspruchung und nach der Nutzung der Kellerräume zu definieren.

Tabelle 060|3-03: Abdichtungsstoffe zur Herstellung von Flächenabdichtungen

Material	Ausführungsart
rein bituminöse Abdichtungsstoffe	Abdichtungsanstriche, Abdichtungsbeläge (Spachtelmassen oder Gussasphalt), bituminöse Abdichtungen mit Abdichtungsbahnen,
mineralische Abdichtungsstoffe	Dichtungsschlämme, Sperrputze, Sperrestriche
kunststoffvergütete Abdichtungsstoffe	bituminöse Abdichtungsbahnen, bituminöse Beschichtungen, mineralische Sperrputze, mineralische Dichtungsschlämme
Kunststoffe	PIB (Polyisobutylen), PVC-P weich (Polyvinylchlorid), ECB (Ethylencopolymerisat-Bitumen), PE-HD (Polyethylen hoher Dichte), Butylkautschuk, Epoxidharzspachtelmassen, Polyurethanharzspachtelmassen

Obwohl in der Literatur gute Erfahrungen mit der Verwendung von „nackten Bitumenbahnen" und Bitumenbahnen mit Trägerlagen aus Rohfilz vorliegen, finden diese Materialien in den österreichischen Normen keine Aufnahme. Dies deshalb, weil eine Anwendung der moderneren Bitumenbahnen, zumeist Flämmbahnen (in Deutschland Schweißbahnen), mit reißfesteren Trägerlagen erhöhte Sicherheit verspricht. „Nackte Bitumenbahnen" müssen in Bitumenanstriche eingebettet werden und sind grundsätzlich mehrlagig auszuführen – hier bedeutet die größere Lagezahl mehr Sicherheit. Wesentlich für die Wirksamkeit bei anstehendem Wasser ist bei organischen Trägerlagen das Vorhandensein eines ausreichenden Einpressdruckes, der durch vorgesetzte Schalen oder Metallriffelbandlagen erreicht werden muss.

Bei kunststoffmodifizierten Bitumenbahnen mit Polyestervlieseinlagen ist der Einpressdruck nicht mehr wesentlich – die Problematik von effektiv anpressbaren Wandrücklagen existiert somit nicht mehr. Es ist auf eine Beschränkung der Druckbeanspruchung zu achten, die vor allem keiner sprunghaften Änderung unterliegen darf. Speziell im Bereich von Plattenanschlüssen an Wände ist dieser Gesichtspunkt auch bei der konstruktiven Lösung zu berücksichtigen. Als Schutzlagen und für Ausgleichsschichten waren in ÖNORM B 7209 [73] die in Tabelle 060|3-04 enthaltenen Materialien definiert.

Tabelle 060|3-04: Schutzlagen und Ausgleichsschichten – ÖNORM B 7209 [73]

Schutzlagen
Kunststoffbahnen mindesten 2 mm dick
Kunststoffvliese mind. 500 g/m² Flächengewicht
Kunststoffvliese im Einsatz in drückendem Wasser mind. 800 g/m² Flächengewicht
Matten und Platten aus Gummigranulat, mit Polyurethan gebunden, mindestens 6 mm, besser 10 mm dick
Dämmstoffplatten aus expandiertem oder extrudiertem Polystyrol, mindestens 50 mm dick
Ausgleichsschichten und Dampfdruckausgleichsschichten
Bitumen-Abdichtungsbahnen mit Glasvlieseinlage und einseitiger Kunststoffkaschierung GV 45 K flämmbar
Polymerbitumen-Abdichtungsbahnen mit Glasgewebeeinlage z. B. P-GG-4 flämmbar
Polymerbitumen-Abdichtungsbahnen mit Kunststoffvlieseinlage z. B. P-KV-4 flämmbar
Kunststoffvliese mit flächenbezogener Masse mindestens 150 g/m²

Lage der Abdichtungen 060|3|1|2

Hinsichtlich der Lage der Abdichtungen und deren Anwendung ist zu unterscheiden zwischen horizontalen und vertikalen Abdichtungen sowie Abdichtungen im Wandquerschnitt und außerhalb.

- Horizontale Abdichtungen im Wandquerschnitt (zumeist unterhalb des Wandfußes) dienen der Verhinderung des kapillaren Feuchtigkeitsaufstieges über die Wandbaustoffe. Sie sollen die vertikalen Abdichtungen an den Außenwänden mit der Horizontalabdichtung des Kellerbodens verbinden und sind nur bei Bodenfeuchtigkeit üblich. Bei einer gänzlich außen liegenden schwarzen Wanne kann diese Abdichtung entfallen.

- Alle erdberührten und dem Spritzwasser ausgesetzten Wandflächen sind gegen seitlich eindringendes Wasser durch eine vertikale Wandabdichtung zu schützen. Die Abdichtung muss bis zum Fundamentabsatz reichen und ist sowohl bis zu einer obersten Horizontalsperre als auch mindestens 30 cm über das angrenzende Gelände hochzuführen. Dabei ist ein lückenloser Anschluss an die Horizontalsperre anzustreben, um Feuchtigkeitsbrücken zu vermeiden. Die Ausführung des Sockelbereiches bedarf besonderer Sorgfalt, da in dieser Zone mit den stärksten Feuchtigkeitsbelastungen der gesamten

Hinsichtlich der Lage der Abdichtungen und deren Anwendung ist zu unterscheiden zwischen horizontalen und vertikalen Abdichtungen sowie Abdichtungen im Wandquerschnitt und außerhalb.

Fassade zu rechnen ist. Es werden daher in diesem Bereich meist zwei- bis dreilagige Sperrputze, Vorsatzschalen oder Vormauerungen und bei Vollwärmeschutzfassaden zusätzlich armierte Putzschichten und Oberflächenbeschichtungen vorgesehen. Diese Maßnahmen ersetzen jedoch nicht die eigentliche Abdichtung an der Wand. Sind mit der Kelleraußenwand konstruktiv verbundene Kellerlichtschächte vorgesehen, so ist im Falle von stauendem oder drückendem Wasser die Feuchtigkeitsabdichtung außen um die Lichtschachtwände und den Lichtschachtboden zu führen. Ähnlich ist bei außen an die Kellerwand anschließenden und mit dem Objekt starr verbundenen Kelleraußentreppen vorzugehen. Bei Bodenfeuchtigkeit kann die Abdichtung auch unter der Kellerwand durchlaufen, die zu verwendenden Fertigteil-Lichtschächte sind dann vor die Abdichtung zu setzen, ohne diese zu beschädigen. Hier ist besonderes Augenmerk auf die Abdichtung an den Befestigungselementen aus eingedichtetem und nichtrostendem Stahl zu legen.

Bei drückendem Grundwasser ist in jedem Fall eine außen liegende Abdichtung zu wählen.

• Horizontale Abdichtungen des Kellerbodens sind als innen oder außen liegende Abdichtung möglich. Bei drückendem Grundwasser ist in jedem Fall eine außen liegende Abdichtung zu wählen, damit der Wasserdruck zu keiner Ablösung der Abdichtung vom Untergrund und damit zur Zerstörung der Abdichtung führen kann (schwarze Wanne). Bei Gebäuden mit untergeordneten Nutzungsanforderungen in den Kellerräumen könnte eine Kellerbodenabdichtung auf dem Unterbeton bei Beanspruchung durch Bodenfeuchtigkeit entfallen, wenn unterhalb der Kellersohle eine mindestens 15 cm, besser 20 cm dicke kapillarbrechende Schicht (z. B. grobkörnige Kiesschüttung) eingebaut wird. Für die Praxis empfiehlt es sich jedoch, in allen Fällen eine Horizontalabdichtung der Kellersohle einzubauen, auch um später Nutzungsänderungen vornehmen zu können.

Für die Praxis empfiehlt sich, eine Horizontalabdichtung der Kellersohle einzubauen, auch um später Nutzungsänderungen vornehmen zu können.

Abbildung 060|3-03: Möglichkeiten der Anordnung der unteren horizontalen Sperrschicht

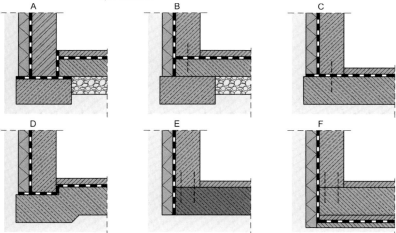

A   Streifenfundament und Mauerwerk
B   Streifenfundament und Stahlbeton- bzw. Mantelbetonwand
C   Bodenplatte und Betonwand
D   Bodenplatte und Fertigteilwand
E   Dichtbetonbodenplatte und Betonwand
F   schwarze Wanne aus Stahlbeton (schematisch)

Bei Kellerräumen, an die aufgrund der Nutzung (z. B. Aufenthaltsräume, Freizeiträume oder Lagerräume für feuchtigkeitsempfindliche Stoffe) höhere Anforderungen bezüglich der Trockenheit des Kellerbodens zu stellen sind, ist eine horizontale Flächenabdichtung im Sinne der Anforderungen an Abdichtungen gegen nicht drückendes Wasser vorzusehen. Diese ist an die unterste horizontale Wandabdichtung lückenlos anzuschließen.

Die obere horizontale Sperrschicht unter den Wänden ist aus dem Bauablauf als Schutz der aufgehenden Wandbauteile gegen Feuchtigkeit aus dem noch nicht abgedichteten Keller zu sehen. Eine vollflächige Abdichtung über der Kellerdecke kann bei einem abgedichteten Keller in der Regel entfallen.

Abbildung 060|3-04: Möglichkeiten der Anordnung der oberen horizontalen Sperrschicht

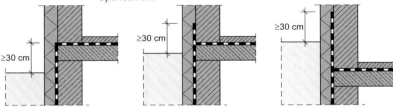

Vor Beginn der eigentlichen Abdichtungsarbeiten hat der Untergrund augenscheinlich trocken, glatt, eben und frei von Verunreinigungen, Mörtelresten und losen Teilen zu sein und ist entsprechend dem jeweils verwendeten Abdichtungsstoff, den Herstellerangaben und dem abzudichtenden Bauwerk vorzubereiten.

- Mauerwerksoberflächen müssen glatt hergerichtet sein – z. B. Glättputz auf Zementbasis
- statische Rissweiten in der Regel maximal 1,5 mm (abhängig vom Abdichtungsmaterial bis zu 2,5 mm bei Abdichtungen ohne Verbund). Bei größeren Rissweiten sind Sondermaßnahmen zu treffen.
- Ebenheit: 10 mm auf 4 m Messlänge, Unebenheiten flach verlaufend

Tabelle 060|3-05: Rissbreiten in der Unterkonstruktion – ÖNORM B 3692 [70]

Abdichtungssystem	max. Rissbreite b_R
Abdichtungen ohne Verbund	2,5 mm
Abdichtungen mit Verbund	1,5 mm
Flüssigkunststoffe, kunststoffmodifizierte Bitumenspachtelmassen	1,0 mm

Vor der Aufbringung von Bitumenbahnen und bitumenverträglichen Kunststoff-Dichtungsbahnen, die mit Klebemassen aufgebracht werden, ist ein kaltflüssiger Voranstrich aufzubringen.

- Bei Bitumenemulsion kann nach Trocknung sofort weitergearbeitet werden.
- Bei Voranstrichen auf Lösungsmittelbasis muss ein Ausdunsten des Lösungsmittels abgewartet werden, Herstellerangaben sind zu beachten.

Verlegevorschriften für Bitumenbahnen

- Temperatur bei Verarbeitung höher +5 °C sonst sind Zusatzmaßnahmen erforderlich
- kein Nebel, Niederschlag, Nässe, Schnee und Eis sowie zu starker Wind
- Oberfläche dem Augenschein nach trocken

- Herstellung lotrechter Abdichtungen in Baugruben: mind. 1 m breiter Arbeitsgraben erforderlich
- Stoßüberdeckung/Übergriffe mindestens 10 cm
- Bahnenübergriffe mit mindestens 8 cm ausführen
- Bahnen in jeder Lage und die beiden Lagen zueinander in etwa eine halbe Bahnenbreite stoß- und nahtversetzt anordnen
- So viel Klebemasse ist aufzubringen, dass eine vollflächige Verklebung erzielt wird.
- Eine Haftzugfestigkeit der unteren Lage von $\geq 0{,}5$ N/mm² ist anzustreben.
- Hochzüge über Hohlkehlen und Kanten nicht mit durchgehenden Bahnen ausführen
- Einbindungen von horizontalen in vertikale Abdichtungen fingerförmig ausführen
- scharfe Abkantungen zwischen vertikalen und horizontalen Flächen unzulässig – Gefahr von Fehlstellen in der Verklebung
- Ausrundungen sind mit einem Radius von mindestens 4 cm auszuführen, Grate durch Einlegen von Dreikantleisten entschärfen. Hochpolymere Kunststoffbahnen können scharfkantig abgebogen werden.
- Lotrechte Abdichtungen sind mind. 50 cm über Vertragswasserstand zu führen bzw. (bei bindigen Böden) mind. 30 cm über geplanter GOK.
- ausreichende Sicherungsmaßnahmen gegen Abgleiten von lotrechten oder geneigten Abdichtungen bei den An- und Abschlüssen vorsehen
- Verklebungen mit Blechen nur nach Kaltbitumenvoranstrich
- Verklebungen mit Blechen mit Mindestübergriff von 12 cm
- bei nachträglichen Einbauten von Durchdringungen Abdichtungsverstärkungen bzw. Bahnenlagen mit mindestens 50 cm Breite zusätzlich zur Anzahl der Abdichtungslagen vorsehen
- nach der Applikation von Abdichtungsbahnen Nahtverbindungen kontrollieren und auf Dichtheit überprüfen – Prüfverfahren in den Normen
- fertige Abdichtungen gegen mechanische Beanspruchungen, Beschädigungen und gegen Witterungseinflüsse mit einer Schutzschicht schützen
- Grundsätzlich dürfen verlegte Abdichtungen vor der Aufbringung von Schutzschichten durch fremde Professionisten weder betreten noch zur Lagerung benützt werden.
- Vor Übernahme der Leistung durch den Auftraggeber darf die Abdichtung keinem Wasserdruck ausgesetzt werden.
- Vor vertikale Wandabdichtungen gestellte Schutzelemente (Perimeterdämmung, Betonplatten, Faserzementplatten, Drainageplatten u. ä.) dürfen durch Anpressen von scharfkantigen Teilen oder z. B. Mörtelbrocken keine Perforierung der Abdichtungsebene hervorrufen.
- Vorsatzelemente (z. B. Fertigteil-Lichtschächte) sind vor die Abdichtung zu setzen, ohne diese zu beschädigen. Hier ist besonderes Augenmerk auf die Abdichtung an den Befestigungselementen aus nichtrostendem Stahl zu legen. Befestigungselemente für die in die Abdichtung einzubindenden Einbauteile sind fachgerecht montiert vorzusehen, z. B. ausreichende mechanische Befestigung am Untergrund.

Planungshinweise
- Beschränkung der Druckbeanspruchung
    - Polymerbitumenbahnen 0,8 bis 1,0 MN/m²

- nackte Bitumenbahn mit einer Metalleinlage 1,0 MN/m²
- nackte Bitumenbahnen mit zwei Metalleinlagen 1,5 MN/m²
- keine sprunghaften Änderungen in den Druckspannungen – Achtung beim Anschlussbereich Wand–Bodenplatte
- Wechsel des gewählten Abdichtungssystems innerhalb der schwarzen Wanne sind nicht zulässig.
- Bodendurchdringungen vermeiden
- Rohrleitungen bei Wanddurchführungen stets mit Mantelrohr umhüllen, Spaltraum zwischen Mantelrohr und Rohrleitung mit Dichtungsringen und dauerplastischen Fugendichtungsmassen abdichten
- Außen liegende Wärmedämmungen sind mit den Abdichtungsbahnen systemimmanent, gemäß den Verarbeitungsrichtlinien des Herstellers zu befestigen.
- Die außen liegende Wärmedämmung muss unten aufstehen – keine Scherkräfte auf die Abdichtungsbahnen.

In ÖNORM B 2209 [58] Werksvertragsnorm für Abdichtungsarbeiten an Bauwerken werden zusätzliche Informationen gegeben, die Teil von Ausschreibungen sein sollen, um eine umfassende Information zum benötigten Leistungsinhalt zu geben. Die Leistungen sind ihrer Beschreibung und ihrem Ausmaß nach lückenlos zu erfassen und so aufzugliedern, dass nur Leistungen gleicher Art und Preisbildung in einer Position erfasst werden. Es sind insbesondere Angaben zu machen über:

- den Vertragswasserstand und die Geländeoberkante
- die Eintauchtiefe, bezogen auf den Vertragswasserstand
- zu verwendende Materialien
- Untergründe, Befestigungen, Durchdringungen und Höhenlagen (z. B. bei Vorlegeschächten, Kollektorgängen)
- die Art von Dämmschichten und die Beanspruchung darauf verlegter Abdichtungen durch Nutz- und Verkehrslasten
- die Art und den Umfang von Anschlüssen, Hoch- und Tiefzügen u. dgl.
- die Verlegung von Abdeckstreifen (Schlepp- oder Unterlagsstreifen)
- die Art und die Beanspruchung der Schutzschicht sowie Trenn-/Gleitlagen (z. B. Schutzbeton)
- den Fugentyp bei Bewegungsfugen, das Maß und die Richtung der zu erwartenden Fugenbewegung sowie die Abmessungen der Fugenkammer
- den Schutz bei zeitlich unterschiedlicher Herstellung
- die Wasserhaltung
- das Errichten und Vorhalten von Arbeits- und Schutzgerüsten

In den Leistungsverzeichnissen sind erforderlichenfalls eigene Positionen für das Beistellen, Aufstellen und Vorhalten sowie den Abbau von Gerüstungen vorzusehen. Speziell vom Auftraggeber zu erbringende Voraussetzungen sind:

- Für die Ableitung des Wassers muss an den Tiefpunkten Vorsorge getroffen sein.
- Der Untergrund muss in der richtigen Höhenlage und im vorgesehenen Gefälle liegen sowie ausreichend erhärtet und oberflächentrocken sein.
- Seine Oberfläche muss verrieben, stetig verlaufend und frei von Kiesnestern sein; sie darf nicht rau und muss frei von scharfen Kanten, spitzen Steinchen, Betongraten und Rippen sein. Ichsen sind auszurunden.

- Die Ebenflächigkeit von Betondecken einschließlich etwa vorhandener Gefälleschichten muss den Anforderungen der ÖNORM DIN 18202 [56] entsprechen.
- Betonfertigteile (Schwer- und Leichtbetonplatten) müssen nach der Verlegung eine stetig verlaufende Oberfläche bilden und gegen Verschiebung gesichert sein. Die Fugen zwischen den Platten sind kraftschlüssig zu verbinden und zu vermörteln.
- Eine Abdichtung darf in ihrer Lagerebene keinen Schubkräften ausgesetzt werden.
- Dehnfugen müssen im Untergrund stetig und/oder geradlinig verlaufend und ohne Kantenausbrüche hergestellt und erkennbar sein. Durch Dehnfugen getrennte Teile der Fläche müssen unabhängig voneinander entwässert werden können.
- Bei Abdichtungen, auf welche ein Schutzbeton aufzubringen ist, muss zwischen dem Schutzbeton und der Abdichtung eine Trennschicht (z. B. zwei Lagen Polyethylenfolien) oder eine Schutzlage angeordnet werden.
- Sofern das Aufbringen einer Schutzschicht durch den Auftragnehmer nicht vorgesehen ist, hat der Auftraggeber gegen Beschädigungen der fertig gestellten Abdichtungen geeignete Maßnahmen zu treffen. Schutzschichten aus Beton, insbesondere deren Bewehrung, dürfen die Abdichtung nicht verletzen.

Die Prüf- und Warnpflicht des Auftragnehmers erstreckt sich unter Berücksichtigung der vorgesehenen Ausführungsart auf die Prüfung des vorhandenen Untergrundes mit branchenüblichen, einfachen Methoden, z. B. Augenschein, Klopfen, Ritzen, Messlatte. Eingehende technologische oder chemische Untersuchungen (z. B. konstruktiver Aufbau hinsichtlich Statik, Bauphysik, Korrosionsbeständigkeit und Wasseranalysen) gehören nicht zur Prüfpflicht des Auftragnehmers. Zu prüfen sind insbesondere:

- Ebenheit
- Gefälle
- Höhenlage
- Oberflächenfestigkeit und Haftfähigkeit
- Abrundungen und/oder Abschrägungen (z. B. Ecken, Kanten, Ichsen, Grate)
- Risse und Nester
- ausreichende Höhen für den Anschluss der Abdichtung an andere Bauteile (z. B. Hochzüge)
- Materialart, Beschaffenheit und Lage von durchdringenden Bauteilen
- Anschlussmöglichkeit an Durchdringungen (z. B. Rohr- und Blitzschutzleitungen, Stützen)
- Möglichkeiten zur Sicherung gegen Abgleiten
- Lage und Ausbildung von Fugen, Form der Fugenkammer

In der nach der Planung vorgesehenen Neigung oder dem Gefälle einer Abdichtungsfläche können sich durch zulässige Abweichungen der Stoffdicken sowie durch Überdeckungen im Rahmen zulässiger Bautoleranzen Abweichungen von den Sollwerten ergeben, insoweit ist daher eine Pfützenbildung oder Wasseransammlung auf der fertigen Abdichtung kein Mangel.

Der Untergrund muss hinsichtlich der Beschaffenheit seiner Oberfläche ausreichende Festigkeit und Haftfähigkeit aufweisen. Grate, Löcher, Porigkeit, Betonnester und Risse >0,5 mm sind unzulässig. Ohne besondere Vereinbarung von erhöhten Anforderungen sind für geschalte Betonoberflächen die

Die Prüf- und Warnpflicht des Auftragnehmers erstreckt sich auf die Prüfung des Untergrundes mit branchenüblichen, einfachen Methoden, z. B. Augenschein, Klopfen, Ritzen, Messlatte.

Porigkeitsklasse 3P und die Strukturklasse S1 nach ÖNORM B 2204 [57] und bei geputzten Oberflächen die Qualitätsstufe Q2 nach ÖNORM B 3346 [68] einzuhalten.

Drainagen

060|3|1|3

Drainagen entwässern bei nicht drückendem Wasser den an Gebäude angrenzenden Boden. Zusätzlich wird bei kurzfristig starkem Wasserandrang, wie er bei anstehenden bindigen Böden und bei Bauten in Hanglage auftreten kann, eine entsprechend rasche Wasserableitung ermöglicht und dadurch das Entstehen eines hydrostatischen Druckes auf die Abdichtung bzw. die anschließenden Bauteile verhindert. Voraussetzung für eine Drainage ist das Vorhandensein einer Ableitungs- oder Versickerungsmöglichkeit des gesammelten Wassers. Drainagen im Bereich von anstehendem Grundwasser sind daher sinnlos. Drainageanlagen dürfen keinesfalls zur Ableitung von Oberflächenwasser aus beispielsweise Regenfallleitungen oder Hofeinläufen herangezogen werden. Man unterscheidet im Gründungsbereich Drainageanlagen vor Wänden und unter Bodenplatten. Eine Drainageanlage besteht aus:

- Sicker-, Filterschicht, Drainagerohre
- Kontroll-, Reinigungs-, Spülschächte
- Sammelschacht
- Sickerschacht bzw. Einleitung in den Vorfluter

Bei größeren Anlagen ist eine entsprechende Dimensionierung zu empfehlen. Hier ist anzuführen, dass auch die nachfolgenden Nachteile bzw. problematische Umgebungsfaktoren für Drainagen zu bedenken sind und gegen den Mehraufwand einer Kellerausführung im drückenden Wasser abgewogen werden sollten.

- Geeignete, rückstaufreie Vorfluter sind nicht vorhanden, Rückstausicherungen und Hebeanlagen erfordern hohen Wartungs- und Betriebsaufwand, die Betriebssicherheit ist nicht jederzeit gegeben.
- Einleitungen in Kanäle sind oft nicht möglich oder es ist mit hohen Kanalgebühren zu rechnen.
- Drainageanlagen müssen regelmäßig überprüft bzw. gewartet werden (Verschlammung, Verockerung, Verkalkung).

Abbildung 060|3-05: Wirkungsweise von Drainageanlagen

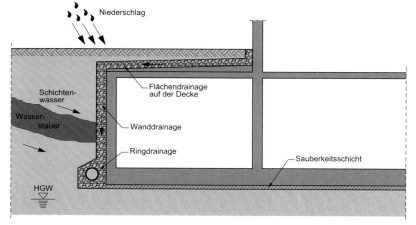

> Voraussetzung für eine Drainage ist das Vorhandensein einer Ableitungs- oder Versickerungsmöglichkeit des gesammelten Wassers.

Die Sickerschicht, die der flächenhaften Aufnahme des zufließenden Wassers (Sickerwasser und Schichtenwasser) und dessen lotrechter Ableitung zum Drainagerohr dient, besteht in der Regel aus einer Kiesschüttung sowie Drainageelementen (Drainagesteine und -platten, z. B. aus haufwerksporigem Beton). Als Filterschicht werden Filtervliese (Geotextilien) eingesetzt, welche die Sickerschicht bzw. das Drainageelement, nicht jedoch das Drainagerohr selbst vollflächig umschließen und das Einschlämmen von Bodenfeinteilen verhindern. Bei Schüttungen mit „filterstabilem Kornaufbau" kann diese Schicht entfallen.

Drainagerohre werden heute zumeist aus Kunststoff, aber auch aus Beton oder Ton gefertigt und sind mit Wassereintrittsschlitzen versehen bzw. besitzen ein poröses (haufwerksporiges) Gefüge. Die Rohre werden im Gefälle von 0,5 bis 2,0 % auf einem stabilen Planum (Kies oder Betonbett) verlegt. Starre Rohre mit glatter, geschlossener Sohle sind leichter zu kontrollieren und zu spülen. Im Drainagerohr darf es zu keinem Aufstau von mehr als 20 cm über Rohrsohle kommen.

Drainagerohre werden heute zumeist aus Kunststoff, aber auch aus Beton oder Ton gefertigt.

Tabelle 060|3-06: Drainagerohre – Übersicht Querschnitte [98]

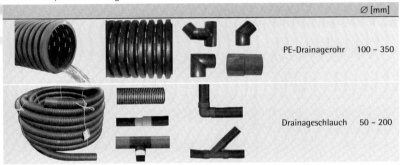

	Ø [mm]
PE-Drainagerohr	100 – 350
Drainageschlauch	50 – 200

Drainagen vor Wänden

Die Drainageschicht soll alle erdberührten Wandflächen erfassen und bis ca. 15 cm unter die Geländeoberfläche reichen, die Traufenausbildung sollte ein direktes Eindringen von Oberflächenwasser am Bauwerk nach Möglichkeit hintanhalten. Drainagesteine, -platten und -matten sind nach den Richtlinien der Hersteller zu verlegen. Bei haufwerksporigen Drainagesteinen muss ein Durchlässigkeitsbeiwert von 4×10^{-4} m/s gegeben sein. In bindigen Böden wird vor der Sickerschicht eine Filterschicht (Filtervlies) angeordnet, um ein Einschwemmen von Feinteilen zu reduzieren. Drainagekörper werden entweder im gesamten Arbeitsraum oder nur in Teilbereichen eingebaut.

Die Traufenausbildung sollte ein direktes Eindringen von Oberflächenwasser nach Möglichkeit hintanhalten.

Am Fußpunkt der Drainageschicht wird das drucklose Wasser von Rohren aufgenommen, die von einem (Filter-)Kieskoffer mit mindestens 20 cm Dicke umgeben sind. Wenn eine Filterwirkung dieses Kieskoffers angestrebt ist, muss Kiessand nach Tabelle 060|3-07 eingesetzt werden. Drainage-anlagen sollten als Ringleitungen das gesamte Gebäude umschließen. Zumindest an Punkten des Richtungswechsels bzw. in Abständen von rund 20 m sind Kontrollschächte, an Hoch- und Tiefpunkten Spül- oder Sammelschächte anzuordnen. Der Abstand von Spülmöglichkeiten sollte 50 m nicht überschreiten. In diesen Schächten sind Sandfänge unter den Rohrsohlen vorzusehen. Spülschächte brauchen einen Innendurchmesser von 30 cm, Sammel- oder Übergabeschächte erfordern einen Mindest-innendurchmesser von 100 cm. Der Hochpunkt des Rohrscheitels soll nicht über der Fundamentoberkante bzw. über der untersten horizontalen Wand-abdichtung liegen, und der Rohrgraben darf an keiner Stelle unter die Fun-damentsohle reichen (gegebenenfalls ist eine Fundamentabtreppung auszuführen).

Tabelle 060|3-07: Kiessande als Drainagefilter [3]

Lage	Baustoff	Dicke [m]
vor Wänden	Kiesschicht, z. B. Körnung 0/8 mm oder 0/32 mm	0,50
	Filterschicht, z. B. Körnung 0/4 mm, und	0,10
	Sickerschicht, z. B. Körnung 4/16 mm	0,20
	Kies, z. B. 8/16 mm, und Geotextil	0,20
auf Decken	Kies, z. B. Körnung 8/16, und Geotextil	0,15
unter Bodenplatten	Filterschicht, z. B. Körnung 0/4 mm, und	0,10
	Sickerschicht, z. B. Körnung 4/16 mm	0,10
	Kies, z. B. Körnung 8/16 mm, und Geotextil	0,15
um Drainagerohre (Ringleitung)	Kiessand, z. B. Körnung 0/8 mm oder 0/32 mm	0,15
	Sickerschicht, z. B. Körnung 4/16 mm, und	0,15
	Filterschicht, z. B. Körnung 0/4 mm	0,10
	Kies, z. B. Körnung 8/16 mm, und Geotextil	0,10

Abbildung 060|3-06: Ringdrainagen vor Wänden – Grundriss

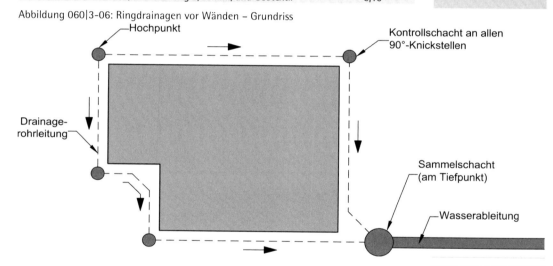

Ein wesentlicher Punkt für die Funktionsfähigkeit des gesamten Systems ist die Aufnahmefähigkeit der Sammel- oder Sickerschächte und die Ableitung des Drainagewassers. Ein Wasserrückstau in den Sickerkoffer muss unbedingt vermieden werden. Ideal ist die Einleitung in einen Vorfluter, aus Niveaugründen sind aber sehr oft Pumpmaßnahmen erforderlich. Ein tatsächliches Funktionieren erfordert dann eine laufende Betreuung und Wartung der Hebeanlage. Da oft eine Anbindung an das Kanalsystem nicht gestattet ist, zumindest aber hohe Kanalgebühren verursacht, ist die Versickerung fast eine Regellösung. Bei bindigen Böden ist die Sickerfähigkeit von Sickerschächten häufig beschränkt, selten sind tiefer liegende, gut durchlässige Bodenschichten anzutreffen. Sickerschächte sollten mindestens 10 m vom Gebäude entfernt situiert sein. Eine Bemessung der Anlage samt vorheriger Bestimmung der Durchlässigkeitsfaktoren k des anstehenden Bodens ist unbedingt erforderlich (siehe auch Band 3: Gründungen [8]).

Tabelle 060|3-08: Durchlässigkeitsfaktoren von Böden

Bodenart	Durchlässigkeitsfaktor k [m/s]		
sandiger Kies	$2 \cdot 10^{-2}$	bis	$1 \cdot 10^{-4}$
Sand	$1 \cdot 10^{-3}$	bis	$1 \cdot 10^{-5}$
Schluff-Sand-Gemische	$5 \cdot 10^{-5}$	bis	$1 \cdot 10^{-7}$
Schluff	$5 \cdot 10^{-6}$	bis	$1 \cdot 10^{-8}$
Ton	$1 \cdot 10^{-8}$	bis	$1 \cdot 10^{-12}$

Nach dem Verfüllen der Baugrube sind die Drainageleitungen durch Spiegelung und Spülung auf fachgerechte Herstellung und Funktionsfähigkeit zu überprüfen. Die Sandfänge sind in regelmäßigen Intervallen auf Sand-ablagerungen zu kontrollieren. Mindestens einmal jährlich sollte die Drainage-anlage durchgespült werden. Eine Bepflanzung im Drainagebereich stellt ein erhöhtes Risiko für eine Durchwurzelung der Drainage dar. Deshalb wird empfohlen, Bäume weiter als 6 m und Sträucher weiter als 3 m von der Leitungstrasse abzurücken.

Abbildung 060|3-07: Drainagen vor Wänden, Ringdrainage – Schnitte

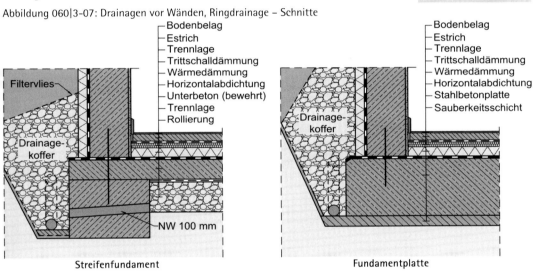

Streifenfundament   Fundamentplatte

Tabelle 060|3-09: Ausführung von Drainageschichten aus Kies – DIN 4095 [51]

Bauteil	Art	Material
Filterschicht	Schüttung	Mineralstoffe (Sand und Kies)
	Geotextilien	Filtervlies (z. B. Spinnvlies)
Sickerschicht	Schüttung	Mineralstoffe (Sand und Kies)
	Einzelelemente	Drainagesteine (z. B. aus haufwerksporigem Beton); Drainageplatten (z. B. aus Schaumkunststoff) mit Geotextilien (z. B. aus Spinnvlies)
Drainageschicht	Schüttungen	Kornabgestufte Mineralstoffe; Mineralstoffgemische (Kiessand) z. B. Körnung 0/8 oder 0/32 mm
	Einzelelemente	Drainagestein (z. B. aus haufwerksporigem Beton, ggf. ohne Filtervlies); Drainageplatten (z. B. aus Schaumkunststoff, ggf. ohne Filtervlies)
	Verbundelemente	Drainagematte aus Kunststoff (z. B. aus Höckerprofilen mit Spinnvlies, Wirrgelege mit Nadelvlies, Gitterstrukturen mit Spinnvlies)
Drainagerohr	gewellt oder glatt	Beton, Faserzement, Kunststoff, Steinzeug, Ton mit Muffen
	gelocht oder geschlitzt	allseitig (Vollsickerrohr); seitlich und oben (Teilsickerrohr)
	mit Filtereigenschaften	Kunststoffrohre mit Ummantelung; Rohre aus haufwerksporigem Beton

Drainageanlagen auf Decken

Die mindestens 15 cm starke Drainageschicht muss alle Deckenflächen voll-flächig überdecken und ist mit einer Filterschicht aus Vlies (Geotextil) mit entsprechendem Bahnenübergriff abzudecken. Anfallendes Wasser muss rückstaufrei abgeleitet werden. Bei großen Flächen und größeren Ablauf-abständen ist ebenfalls eine Drainageleitung in den Schotterkoffer einzulegen.

DIN 4095 [51] gibt einfache Angaben für kleinere Objekte, die gewissen Randbedingungen gehorchen – Regelfälle sind:

- Gelände eben bis leicht geneigt
- Bodendurchlässigkeit schwach
- Drainage-Einbautiefe bis 3,0 m
- maximaler Abstand Hochpunk/Tiefpunkt 60 m
- Gebäudehöhe bis 15 m
- bebaute Fläche über Bodenplatten bis 200 m²

In diesen Fällen kann ohne weiteren Nachweis ausgeführt werden:

- Drainageleitung   DN 100
- Gefälle   ≥0,5 %
- Kontrollrohr   DN 100
- Spülschacht   DN 300
- Übergabeschacht   DN 1000
- Drainageschichten oder Drainageelemente nach Tabelle 060|3-09

Tabelle 060|3-10: Abflussspenden nach DIN 4095 [51]

Abflussspende vor Wänden		Abflussspende [l/(s·m)]	Regelfall [l/(s·m)]
Bereich	Bodenart		
gering	sehr schwach durchlässige Böden [1] ohne Stauwasser, kein Oberflächenwasser	<0,050	
mittel	schwach durchlässige Böden [1] mit Sickerwasser, kein Oberflächenwasser	0,050 – 0,100	0,300
groß	Böden mit Schichtwasser oder Stauwasser, wenig Oberflächenwasser	0,100 – 0,300	
Abflussspende auf Decken		Abflussspende [l/(s·m²)]	Regelfall [l/(s·m)]
Bereich	Bodenart		
gering	unverbesserte Vegetationsschichten (Böden)	<0,010	
mittel	verbesserte Vegetationsschichten (Böden)	0,010 – 0,020	0,030
groß	bekieste Flächen	0,020 – 0,030	
Abflussspende unter Bodenplatten		Abflussspende [l/(s·m²)]	Regelfall [l/(s·m)]
Bereich	Bodenart		
gering	sehr schwach durchlässige Böden [1]	<0,001	
mittel	schwach durchlässige Böden [1]	0,001 – 0,005	0,005
groß	durchlässige Böden [1], wenig Oberflächenwasser	0,005 – 0010	

1) siehe DIN 18130-1

$$Q = q \cdot L_D \qquad v = \frac{Q}{1000 \cdot A_{Rohr}}$$

(060|3-01)

Q	Wassermenge pro Strang	l/s
q	Abflussspende	l/(s·m)
L_D	Drainagelänge	m
v	Fließgeschwindigkeit	m/s
A_{Rohr}	Querschnittsfläche des Rohres	m²

Die Einstufung in die Beanspruchungsgruppe wird aufgrund der vorhandenen Durchlässigkeit des Bodens und des anfallenden Oberflächenwassers vorgenommen. Für die Bemessung von Drainageelementen kann im Regelfall (rechte Spalte Tabelle 060|3-10) ein bodenunabhängiger Wert angesetzt werden.

Die Bemessung erfolgt für Drainageleitungen mit runder Querschnittform mit einer Betriebsrauigkeit von 2,0 mm. Die Fließgeschwindigkeit v im Rohr soll zur Vermeidung von Sedimentation 0,25 m/s nicht unterschreiten.

Abbildung 060|3-08: Erforderlicher Drainageleitungsdurchmesser [3]

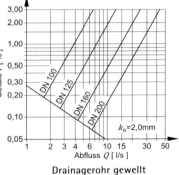

Drainagerohr gewellt

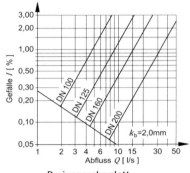

Drainagerohr glatt

Beispiel 060|3-01: Erforderlicher Drainageleitungsdurchmesser [3]

Wanddrainage: Länge L_D 18 m; Drainagerohr gewellt
Traufenpflaster auf U-Beton, $b = 1,0$ m
Boden: schwach durchlässig, Schichtwasser nicht auszuschließen, mittlerer Einzugsbereich
Abflussspende: $q = 0,20$ l/ms

1. $Q = q \cdot L_D = 0,20 \cdot 18 = 3,60$ l/s

2. $v = \dfrac{Q}{1000 \cdot A_{Rohr}} \rightarrow \dfrac{3,60}{1000 \cdot 0,25} = 0,0144\ m^2$
$\rightarrow$ Rohrdurchmesser $= 120$ mm

3. gewählt: DN 125
4. erforderliches Gefälle (siehe Abbildung 060.3.08) = 0,25 %
5. gewähltes Mindestgefälle = 0,50 %

Abdichtungen gegen Bodenfeuchtigkeit und druckloses Wasser

060|3|2

Die Einwirkung von Bodenfeuchtigkeit kann grundsätzlich nicht ausgeschlossen werden. Oberflächenwasser, Schmelzwasser und Schlagregen auf Fassadenflächen werden nahe den Fundamenten bzw. den Kelleraußenwänden vom Boden aufgenommen und abgeleitet. Schon geringe Feuchtigkeitsmengen verringern die wärmetechnischen Eigenschaften von Wärmedämmschichten. Selbst bei nicht unterkellerten Gebäudeteilen mit hochwertiger Nutzung müssen deshalb in der Regel Abdichtungsmaßnahmen ergriffen werden.

Die Unterscheidung in Beanspruchung durch Bodenfeuchtigkeit und drucklosem Wasser ist mehr oder weniger willkürlich. Bodenfeuchtigkeit setzt ein kapillares Bodengefüge voraus – gerade in diesen Böden kann aber im Zuge der Wasserableitung druckloses oder kurzzeitig gering drückendes Wasser an den erdberührten Bauteilen entlangsickern. Hier wären für den Fall einer Abdichtung gegen Bodenfeuchtigkeit unbedingt funktionierende Drainageschichten notwendig, weshalb sich die Anwendung der Vorgaben für

Schon geringe Feuchtigkeitsmengen verringern die wärmetechnischen Eigenschaften von Wärmedämmschichten.

Abdichtungen gegen Bodenfeuchtigkeit baupraktisch auf nicht unterkellerte Bauteile beschränken sollte.

Nicht unterkellerte Gebäudeteile

Für nicht unterkellerte Bauwerksbereiche sind wie im Kellerbereich zumindest Abdichtungen gegen Bodenfeuchtigkeit einzusetzen. Im Unterschied zum unterkellerten Bereich sind hier die vertikalen Abdichtungen auf den Abdichtungshochzug im Spritzwasserbereich reduziert. Bei Stößen von Dämmsystemen ist ein Höherführen der Abdichtung von 10 cm zu empfehlen. Die Unterkante der Fundierung ist in jedem Fall bis in frostfreie Tiefe zu führen.

Abbildung 060|3-09: Nicht unterkellerter Gebäudeteil – Streifenfundament

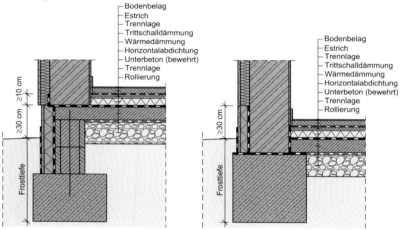

Die im Spritzwasserbereich angeordnete Abdichtung ist vollflächig verklebt aufzubringen und eine Verwahrung am oberen Rand zur Sicherung gegen Abrutschen zu situieren. Eine Verdübelung von WDVS-Fassaden ist möglich und ersetzt die Verwahrung. Unter den aufgehenden Wänden ist unbedingt eine Abdichtung vorzusehen, die zugleich den Beanspruchungen während der Bauzeit widersteht. Flexible Dichtungsschlämmen auf mineralischer Basis werden oftmals angewendet, auch Abdichtungsbahnen mit Metalleinlagen, die bei lokalen Druckspannungsspitzen eine Dichtigkeit gewährleisten können, haben sich bewährt. Der Unterbeton bzw. die Bodenplatte sollten bei höherwertiger Nutzung der Erdgeschoßräume vor der Fußbodenherstellung ebenfalls mit einer Lage Abdichtungsbahn abgedichtet werden, selbst wenn unter dem Unterbeton eine Rollierung als kapillarbrechende Schicht eingebaut wird. Die eingebrachten PE-Folien oder Gleitbahnen aus PVC gelten auch bei ausreichender Überlappung nicht als Abdichtung. Als übliche Abdichtungsmaterialien für den Spritzwasserbereich werden ausgeführt:

- Polymerbitumen-Abdichtungsbahn mit Kunststoffvlieseinlage auf Voranstrich
- Bituminöse Spachtel-Beschichtung (kunststoffmodifizierte Dickbeschichtungen) zweilagig mit Gittergewebeeinlage 100 g/m²)
- mineralische Dichtungsschlämmen (nicht genormt)

Im Bestreben, eine normgemäße Abdichtungslösung zu realisieren, muss auf die konstruktive Machbarkeit der geplanten bautechnischen Lösung geachtet

Im Bestreben, eine normgemäße Abdichtungslösung zu realisieren, muss auf die konstruktive Machbarkeit der geplanten bautechnischen Lösung geachtet werden.

werden, da sich bautechnische Problemstellen in der Regel als Fehlstellen in der Abdichtungsausführung wiederfinden.

Bei der Bodenplatte ist im Randbereich eine Frostschürze gegen Unterfrieren anzuordnen – der Unterschied zur Ausführung mit Streifenfundamenten verschwimmt dadurch. Der Vorteil von Bodenplatten sind die gleichmäßigere Verteilung von Druckspannungen im Boden und die daraus resultierende gleichmäßige Setzung. Die Bodenplatte ist planmäßig zu bewehren, und ein entsprechend ebener und druckfester Unterbau (z. B. Sauberkeitsschicht aus Beton) muss zur ordnungsgemäßen Verlegung der Bewehrung vorgesehen werden.

Abbildung 060|3-10: Nicht unterkellerter Gebäudeteil – Bodenplatte

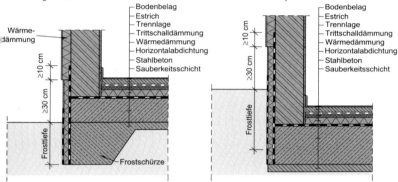

Unterkellerte Gebäudeteile

060|3|2|2

In Kellerräumen sind sowohl gegen Bodenfeuchtigkeit als auch gegen kurzzeitig einwirkendes druckloses Wasser (nicht stauendes Wasser) grundsätzlich dieselben Abdichtungen empfehlenswert. Bei Kellerräumen mit untergeordneter Nutzung können für die vertikalen Bauteilflächen Dichtungsschlämmen, Dichtputze, bituminöse Spachtelmassen, Bitumenpappen in bituminöse Anstriche eingebettet beziehungsweise die in der ÖNORM definierten Materialien verwendet werden. Für die horizontalen Bauteilflächen sind einlagige bituminöse Abdichtungsbahnen sowie Dichtungsschlämmen mit Schutzestrichen, Sperrestriche oder bituminöse Spachtelungen gebräuchlich.

In Kellerräumen sind gegen Bodenfeuchtigkeit und kurzzeitig einwirkendes druckloses Wasser dieselben Abdichtungen empfehlenswert.

Abbildung 060|3-11: Abdichtung Bodenfeuchtigkeit – Streifenfundament, Bodenplatte

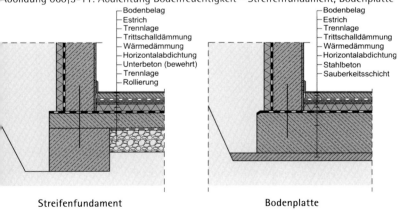

Streifenfundament Bodenplatte

- Bestehen Zweifel, dass zutretendes Wasser kurzfristig abgeführt werden kann – beispielsweise bei bindigen Böden, bei Hanglagen oder bei Anschnitt wasserführender Bodenschichten (auch wenn diese nur geringe Wassermengen abgeben) –, ist mit lang anhaltenden Stauwasserbeanspruchungen zu rechnen. Hier sind wirksame Drainagen oder Abdichtungen gegen drückendes Wasser notwendig.

- Bei kurzzeitig stauendem Wasser sind Abdichtungen gegen nicht drückendes Wasser auszuführen. Zur Verringerung der Wasserbeanspruchung ist auch hier eine wirksame Drainage vorzusehen.

- Bei bindigem Baugrund muss jedenfalls mit stauendem Sickerwasser vor den erdberührten Kelleraußenwänden gerechnet werden.

- Sollen nur die für Bodenfeuchtigkeit gebräuchlichen Abdichtungsmaterialien verwendet werden, dürfen nur nichtbindige und sickerfähige Bodenmaterialen oder Sickerkörper aus dem Drainagesystem am Gebäude anliegen. Bei höherwertiger Nutzung der Kellerräume sind jedoch entsprechend wirksamere Abdichtungsmaßnahmen einzusetzen.

Bei kurzzeitig stauendem Wasser sind Abdichtungen gegen nicht drückendes Wasser auszuführen.

Tabelle 060|3-11: Abdichtungen gegen Bodenfeuchtigkeit – ÖNORM B 3692 [70], B 2209-1 [66]

lotrechte Abdichtungen von Wänden
- mit Bitumen-Abdichtungsbahnen gemäß ÖNORM B 3665 [60] einlagig, vollflächig heiß oder kalt verklebt – z. B. Polymerbitumenabdichtungsbahn mit Kunststoffvlieseinlage P-KV 4
- mit KMB Spachtelmasse gemäß ÖNORM EN 15814 [79] – mindestens zwei Schichten, dazwischen Verstärkung (z. B. Gittergewebe) mit flächenbezogener Masse von mindestens 100 g/m² einbauen. Trockenschichtdicke der aufgetragenen Masse mindestens 5 mm
- mit Kunststoff-Abdichtungsbahnen ÖNORM B 3664 [59], mindestens 1,5 mm
  – mit bitumenverträglichen Bahnen einlagig über heiß aufzubringendem Bitumenanstrich aufzubringen und mit Bitumenklebemasse heiß verklebt und eingebettet
  – mit ECB-Bahnen 2 mm und bitumenverträglichen PVC-P-Bahnen sowohl verklebt als auch lose verlegt und mechanisch befestigt
  – mit nicht bitumenverträglichen Bahnen (PVC-P) mit Nenndicke 1,5 mm einlagig lose eingebaut

Abdichtungen unter Wänden (Wandsperrschichten)
- nach ÖNORM B 3669 [61] Bitumen-Mauersperrbahnen einlagig, vollflächig heiß verklebt, Stoßüberdeckung mindestens 10 cm – aus z. B. Polymerbitumenabdichtungsbahn mit Kunststoffvlieseinlage P-KV 5

Abdichtung von Fußbodenflächen
- mit Bitumen-Abdichtungsbahnen einlagig wie oben
- mit Kunststoff-Abdichtungsbahnen
  – mit bitumenverträglichen Bahnen mit 1,5 mm Dicke über heiß aufzubringendem Bitumenanstrich aufzubringen und mit Bitumenklebemasse heiß verklebt und eingebettet
  – mit nicht bitumenverträglichen Bahnen (PVC-P) mit Nenndicke 1,5 mm lose eingebaut, mit ausreichender mechanischer Befestigung. Abdichtungen aus PIB-Bahnen sind mit einer Schutzlage abzudecken.
- mit Flüssigkunststoffen in Anlehnung an ETAG 005 [35]
  – mind. 1,5 mm Trockenschichtdicke

Die Abdichtungsvarianten sind der ÖNORM B 3692 [70] und als weitere Empfehlung der mittlerweile zurückgezogenen ÖNORM B 2209-1 [66] entnommen.

Bei der Definition der Maßnahmen werden die erforderlichen Abdichtungsbahnen bzw. Anstriche nicht nach dem Ort der Abdichtung, sondern nach den Abdichtungsmaterialien und dem Lastfall der Beanspruchung unterschieden.

Deckenflächen von eingeschütteten Bauwerken werden oft als Grün- oder Parkflächen genutzt, die Abdichtungsmaßnahmen sind bei gedämmten Deckenflächen in der ÖNORM B 3691: „Planung und Ausführung von Dachabdichtungen" [69], geregelt. Bei befahrbaren Belägen direkt auf Deckenflächen ist die RVS 08.07.03: „Abdichtung und Fahrbahnen auf Brücken und andere Verkehrsflächen aus Beton" [47] zu beachten. Sind die überschütteten Flächen tief liegend, können auch die Anforderungen an Wände aus der Abdichtungsnorm für Bauwerke im Boden sinngemäß angewendet werden. Weitere Abdichtungsführungen finden sich auch in Band 9: Flachdach [11].

Abbildung 060|3-12: Übergang Decke-Wand – erdüberschüttete Flächen

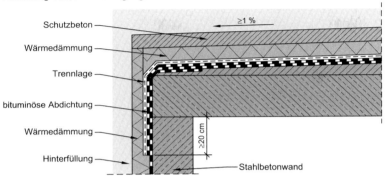

Tabelle 060|3-12: Abdichtungen gegen nicht drückendes Wasser – ÖNORM B 3692 [70], B 2209-1 [66]

mit Bitumen-Abdichtungsbahnen

- mind. zwei Lagen vollflächig heiß oder kalt am Untergrund und untereinander verklebte Polymerbitumen-Abdichtungsbahnen z. B. mit Kunststoffvlieseinlage P-KV 5, Gesamtdicke mindestens 8 mm

mit Kunststoff-Abdichtungsbahnen

- aus PVC-P bitumenverträglich, PIB oder ECB – vollflächig verklebt
  - eine Lage Kunststoff-Abdichtungsbahn (1,5 mm, bei ECB 2,0 mm) zwischen zwei Lagen Bitumen-Abdichtungsbahn vollflächig eingeklebt
  - Auf flach geneigten oder ebenen Flächen darf die obere bituminöse Bahn durch eine Schutzlage aus Kunststoffbahn mind. 2 mm oder Kunststofffaservliese mind. 500 g/m² ersetzt werden, wenn sie unmittelbar nach Herstellung der Abdichtung aufgebracht werden.
  - Naht- und Stoßüberdeckungen sowie Anschlüsse von Kunststoff-Abdichtungsbahnen sind auf einer Breite von mindestens 5 cm durch Schweißen zu verbinden, ab 10 cm ist eine Verklebung zulässig.
- aus PVC-P, PIB oder ECB – lose verlegt
  - eine Lage Kunststoff-Abdichtungsbahn (bei PVC-P und ECB mind. 1,8 mm, bei PIB mind. 2,0 mm)
  - geprüfte Nähte von PVC-P-Bahnen durch überstreichende äußere Nahtkanten mit PVC-Lösung nachbehandeln
  - Abdichtungen sind zwischen geeigneten Schutzlagen aus Kunststoffbahnen oder Kunststofffaservliesen mit mind. 500 g/m² einzubauen.

mit Spachtelmassen (KMB)

- aus modifizierten Bitumenemulsionen
  - mindestens drei Schichten, dazwischen Armierungslage(n) – z. B. Gittergewebe mit einer Trockenschichtdicke mindestens 6 mm

mit Flüssigkunststoffen

- in Anlehnung an die ETAG 005 [35] z. B. aus Epoxyd- und Polyurethanharzen
  - mindestens drei Schichten, Gesamtschichtdicke der aufgetragenen Masse inklusive Armierungslage nach dem Erhärten mindestens 2 mm

Die Abdichtungsvarianten sind der ÖNORM B 3692 [70] und als weitere Empfehlung der mittlerweile zurückgezogenen ÖNORM B 2209-1 [66] entnommen.

Abdichtung gegen drückendes Wasser

Liegen die erdberührten Umfassungsbauteile im Grundwasser oder im Bereich des örtlich höchsten, zu erwartenden Grundwasserspiegels, so müssen die dem Erd- und Wasserdruck ausgesetzten Kellerbauteile (Kellerwand und Kellerboden) entsprechend bemessen und durch eine wasserdruckhaltende Abdichtung geschützt werden. Diese Abdichtung wird entweder durch wasserundurchlässigen Beton (weiße Wanne) oder durch eine zusätzliche außen liegende Abdichtungshaut (schwarze Wanne) erreicht. Da bei Kellern im Grundwasser die Kelleraußenwände und die Kellersohle aus statisch-

Die Abdichtung gegen drückendes Wasser wird durch eine weiße, eine braune oder eine schwarze Wanne erreicht.

konstruktiven Gründen in der Regel aus Beton ausgeführt werden, kann es oft wirtschaftlicher sein, eine weiße Wanne vorzusehen.

Die braune Wanne ist eine Konstruktion aus wasserundurchlässigem, tragendem Stahlbeton und wasserseitig vor der Betonkonstruktion angebrachten Bentonitdichtmatten. Man spricht hierbei von einer „Druckabdichtung", da das unter Wassereinwirkung stehende Bentonit bis zum rund Zehnfachen seines Ursprungsvolumens aufquillt und eine abdichtende Gelhaut um die Betonbauteile bildet. Somit ist die braune Wanne eine Mischform, welche die Vorteile von schwarzer und weißer Wanne vereinen soll.

Die braune Wanne ist eine Mischform, welche die Vorteile von schwarzer und weißer Wanne vereinen soll.

Nachfolgende Ausführungen behandeln die für Keller übliche Beanspruchung durch Grundwasser, Beanspruchungen von Wasserbecken (Wasserdruck von innen) wären analog zu behandeln, werden aber nicht explizit angesprochen. Je nach Ausführungsvariante des Abdichtungssystems sind Randbedingung und Nutzung unterschiedlich. Die in Tabelle 060|3-13 aufgezählten Randbedingungen entscheiden über die Wahl der Art der Kellerabdichtung. Bei höherwertiger Nutzung der Kellerräume sind alle drei Varianten annähernd kostengleich.

Tabelle 060|3-13: Abdichtungsarten bei drückendem Grundwasser

	schwarze Wanne	weiße Wanne	braune Wanne
Nutzung	keine Auswirkungen	Auswirkungen (Dampfdiffusion)	Auswirkungen (Dampfdiffusion)
chemischer Angriff	Tragkonstruktion geschützt	Tragkonstruktion ist korrosiven Angriffen ausgesetzt	Tragkonstruktion weitgehend geschützt, Untersuchung notwendig
Bauzeit	Auswirkungen auf Bauzeit zu beachten	praktisch keine Auswirkungen	Auswirkungen auf Bauzeit zu beachten
Witterung	Herstellung witterungsabhängig	Herstellung bedingt witterungsabhängig	Herstellung bedingt witterungsunabhängig
Platzbedarf Abdichtungsmaßnahmen	größerer Platzbedarf, je nach Ausführung	kein Platzbedarf	Platzbedarf, je nach Ausführung
Konstruktion	geringe Anforderungen an die Baukonstruktion	wesentliche Auswirkungen auf die Baukonstruktion	geringere Anforderungen an die Baukonstruktion
Technologie und Regelwerk	durch Normen geregelt	keine Norm, jedoch Stand der Technik, Richtlinien	keine Norm, jedoch Stand der Technik, Richtlinien
Kosten bei Nutzung als Keller/Garage	~130 %	=100 %	~110 %
Schadenssanierung	sehr aufwändig	relativ einfach	Regulierung teilweise durch „Selbstheilung"

Abbildung 060|3-13: Möglichkeiten der Abdichtung gegen drückendes Grundwasser

schwarze Wanne   weiße Wanne   braune Wanne

Schwarze Wanne

Für die Ausführung der wasserdruckhaltenden Abdichtung nach ÖNORM B 3692 [70] sind eine wannenförmige Ausbildung und die Eintauchtiefe das wesentliche Kriterium. Von 4 bis 8 m Eintauchtiefe ist eine Verschärfung der Normvorgaben betreffend der Materialwahl definiert, bei Eintauchtiefen von über 8 m sind objektspezifische Sonderlösungen, z. B. zusätzliche Bahnen oder Bahnen mit Metalleinlagen, zu planen. Bituminöse Spachtelungen bei Druckwasser sind in den Normen nicht geregelt, allerdings auch nicht ausdrücklich verboten und werden beispielsweise in der deutschen „Richtlinie für die Planung und Ausführung von Abdichtungen mit kunststoffmodifizierten Bitumendickbeschichtungen (PMBC)" (PMBC-Richtlinie [46]) bis 3 m Eintauchtiefe beschrieben. Ähnliches gilt für flexible Dichtungsschlämmen auf Zementbasis (Deutsche Richtlinie für die Planung und Ausführung von Abdichtungen mit flexiblen Dichtungsschlämmen 2020 [45]). Einlagige Kunststoffbahnen ab 1,8 mm Dicke (vollflächig verklebt oder lose verlegt) können verwendet werden, die mechanische Montage bei lose verlegten Bahnen fordert aber hohen Aufwand und hohe Genauigkeit in der Ausführung. Kunststoffbahnen sind immer zwischen Bitumenbahnen einzukleben oder zwischen Schutzschichten zu verlegen. Ausführungen mit lose verlegten Bahnen sind für schwarze Wannen nur von untergeordneter Bedeutung.

> Die Abdichtung ist mindestens 50 cm über den vieljährig höchsten Grundwasserstand oder Staudruckspiegel zu ziehen.

Die Abdichtung hat den zu schützenden Bauwerkbereich wannenartig zu umschließen und ist mindestens 50 cm über den vieljährig höchsten Grundwasserstand oder Staudruckspiegel (= Vertragswasserstand) zu ziehen. Besonderer Sorgfalt bedarf die Ausbildung des Überganges von der Sohlenabdichtung zur Wandabdichtung, entweder als „Kehlstoß" oder als „rückläufiger Stoß" ausgeführt, sowie die Ausbildung des Abdichtungsendes am oberen Rand. Die Verträglichkeit der Dichtungsbahnen im Kontakt mit Dämmschichten muss gegeben sein.

Tabelle 060|3-14: Abdichtungen gegen drückendes Wasser – ÖNORM B 3692 [70], B 2209-1 [66]

mit Bitumen-Abdichtungsbahnen

- vollflächig heiß am Untergrund und untereinander verklebte Polymerbitumen-Abdichtungsbahnen mit Kunststoffvlieseinlage, z. B. P-KV 5
  - bis 4 m Eintauchtiefe: mindestens zwei Bahnen, Gesamtdicke 8 mm
  - ab 4 bis 8 m Eintauchtiefe: Gesamtdicke 10 mm, z. B. 2 Lagen Polymerbitumen-Abdichtungsbahnen P-KV 5

mit Kunststoff-Dichtungsbahnen vollflächig verklebt

- eine Lage Kunststoff-Dichtungsbahn aus PVC-P bitumenverträglich oder ECB – vollflächig verklebt zwischen zwei Lagen Polymerbitumenbahnen mit Kunststoffvlieseinlage (Dicken ohne Kaschierung)
  - bis 4 m Eintauchtiefe: PVC-Bahnen mindestens 1,8 mm
                            ECB-Bahnen mindestens 2,0 mm
  - über 4 m Eintauchtiefe: PVC-Bahnen mindestens 2,0 mm
                            ECB-Bahnen mindestens 2,3 mm

mit Flüssigkunststoffen bis 4 m Eintauchtiefe

- in Anlehnung an die ETAG 005 [35] z. B. aus Epoxyd- und Polyurethanharzen
  - mindestens drei Schichten, Gesamtschichtdicke der aufgetragenen Masse inklusive Armierungslage nach dem Erhärten mindestens 2 mm

Die Abdichtungsvarianten sind der ÖNORM B 3692 [70] und als weitere Empfehlung der mittlerweile zurückgezogenen ÖNORM B 2209-1 [66] entnommen.

Je nach Platzverhältnissen bzw. nach der gewählten Form der Baugruben sind unterschiedliche Arten der Abdichtungsaufbringung möglich. Wird in einer offenen Baugrube eine auf einem verstärkten Sauberkeitsstreifen aufgemauerte und verputzte Wandrücklage hergestellt, besteht die Möglichkeit, die Abdichtung auf der Sauberkeitsschicht und vertikal auf der Wandrücklage aufzubringen. Im Stoßbereich – dem Kehlstoß – sind die beiden Abdichtungsebenen überlappt (verfingert) zu stoßen. Nach den erforderlichen Schutzmaßnahmen wird die tragende Kellerkonstruktion – Sohle und Wände – hergestellt.

Sind Baugrubenumschließungselemente wie z. B. Schlitzwände vorhanden, kann die Wandrücklage auch gegen diese betoniert werden, wobei eine Trennschicht z. B. aus einer bituminisierten Weichfaserplatte nachträgliche Bewegungen zulässt. In diesem Fall ist jedoch die außen liegende Betonschicht mit der innen liegenden tragenden Kellerwand durch Telleranker zu verbinden, da Scherbeanspruchungen der Abdichtungsebene aufgrund von unterschiedlichen Vertikalbewegungen vermieden werden müssen.

Abbildung 060|3-14: Übergang Sohle-Wand schwarze Wanne – Kehlenanschluss

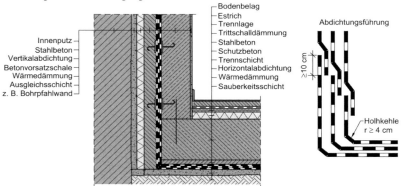

Abbildung 060|3-15: Übergang Sohle-Wand schwarze Wanne – rückläufiger Stoß

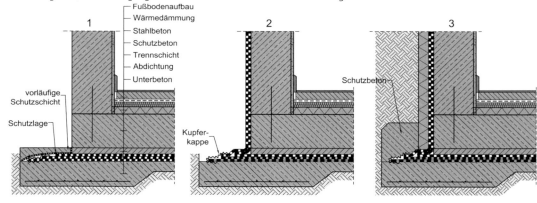

Ist ausreichend Platz in der Baugrube vorhanden, kann zuerst die horizontale Abdichtung unter der Fundamentplatte hergestellt werden, die Enden der Abdichtung müssen ca. 60 cm über die Kelleraußenkante vorragen und gegen Beschädigungen oder Verschmutzungen geschützt werden. Nach der Herstellung von Bodenplatte und Kellerwand kann die vertikale Abdichtung außenseitig aufgebracht und nach dem lokalen Abtrag der Schutzschicht mit der vorstehenden Horizontalabdichtung überklebt werden. Der Stoß wird durch eine Metallbandabdeckung und einen Betonsockel gesichert, früher wurde noch eine Schutzvormauerung aufgemauert, welche die notwendige Einpressung der Abdichtungsbahnen gewährleisten sollte.

Der obere Abschluss der druckwasserdichten Wanne ist durch Verwahrung der Bahnenränder herzustellen, die Abdichtungen müssen bis zu ihrem oberen Ende wasserdicht ausgebildet sein. Bei mechanischer Befestigung mittels Klemmschienen sind die Befestigungsstellen mit Bahnenstreifen zu überkleben oder zu überspachteln. Das obere Abdichtungsende ist grundsätzlich über das angrenzende Gelände hochzuführen und gemäß Abbildung 060|3-04 auszubilden.

Die Bahnenränder müssen an ihrem oberen Ende mit einer Verwahrung gesichert werden.

Abbildung 060|3-16: Abdichtungsanschluss – Außenwand mit Sockel

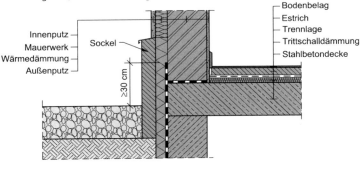

Weiße Wanne

060|3|3|2

Aus wirtschaftlichen Erwägungen wird in vielen Fällen eine weiße Wanne vorgesehen, wobei der den Keller umschließenden Betonkonstruktion sowohl die Funktion des Tragens als auch die der Abdichtung zufällt. Im Speziellen sind die Abdichtungsanforderungen von der Wasserbeanspruchung und der Objektnutzung abhängig. In der Richtlinie der Österreichischen Bautechnik Vereinigung (öbv) „Wasserundurchlässige Betonbauwerke – Weiße Wannen" [37] sind sowohl Anforderungs- und Konstruktionsklassen als auch konstruktive und ausführungstechnische Hinweise enthalten. Bei der Errichtung eines dichten Betonbauwerkes sind neben Grundregeln der Materialtechnologie auch konstruktive Erfordernisse und Mindestabmessungen einzuhalten. Die einzelnen Maßnahmen bauen dabei auf folgenden Konzepten auf:

Die Abdichtungsanforderungen sind von der Wasserbeanspruchung und der Objektnutzung abhängig.

- Dichtigkeit des Betongefüges
- Rissvermeidung bzw. Rissverteilung und Rissweitenbeschränkung
- Risssanierung

Ergänzend ist auch die Einhaltung konstruktiver Grundregeln zu sehen, die vermeiden sollen, dass Zwänge aus z. B. Schwindbehinderung durch Bodenreibung oder sehr stark gegliederter Plattenuntersicht größere Risse hervorrufen. Stellt man Vor- und Nachteile zur schwarzen Wanne gegenüber, ergibt sich:

- Vorteile der weißen Wanne
  - einfachere Konstruktion – Tragen und Abdichten gleichzeitig
  - vereinfachte statische und konstruktive Gestaltung des Baukörpers
  - geringere Witterungsabhängigkeit und kürzere Bauzeit, da Neben- und Abdichtungsarbeiten wegfallen
  - Eventuelle Undichtigkeiten sind leichter zu orten und zu beheben – sofern nicht Bereiche mit dichter Installation oder fixen Einbauten vorhanden sind.

- Nachteile der weißen Wanne
  - Konstruktion ist auf Rissfreiheit auszulegen – höherer Bewehrungsgehalt
  - Arbeitsfugen sind abzudichten
  - Bauwerksfugen erfordern eine aufwändigere Fugenabdichtung
  - Dichtbeton alleine verhindert keinen Feuchtigkeitstransport durch die Wand – ev. zusätzliche Abdichtungen erforderlich
  - zusätzliche Maßnahmen bei aggressivem Grundwasser

Dichtbeton ist grundsätzlich nicht als „absolut dicht" anzusehen. Das Prinzip des Dichtbetons beruht vielmehr auf dem Umstand, dass die durch Kapillarität oder hydrostatischen Druck transportierten flüssigen Feuchtigkeitsmengen vor der Wandoberfläche in den dampfförmigen Zustand übergehen und in den Innenraum abgeführt werden können. Die Wandoberfläche erscheint daher in einem trockenen Zustand, der Wandquerschnitt selbst ist aber entsprechend dem Wasserandrang mehr oder weniger stark durchfeuchtet. Diffusions-behindernde Schichten an der Wandinnenseite verhindern die erforderliche Wasserdampfabführung (Abtrocknung) und verursachen unter Umständen eine Wassersättigung des Bauteiles.

> Dichtbeton ist grundsätzlich nicht als „absolut dicht" anzusehen.

Wenn der Widerstand gegen Eindringen von Wasser an Probekörpern zu bestimmen ist, müssen das Verfahren und die Konformitätskriterien zwischen dem Ausschreibenden und dem Hersteller vereinbart werden. Solange kein vereinbartes Prüfverfahren vorliegt, darf der Wassereindringwiderstand indirekt durch Grenzwerte für die Betonzusammensetzung festgelegt werden. In der ÖNORM B 4710-1 [72] sind dafür Expositionsklassen angegeben. Wenn Wasserundurchlässigkeit gegen mäßigen Wasserdruck (2 bis 10 m Wasserdruck-höhe) festgelegt ist, sind die Anforderungen für die Expositionsklasse XC3 oder bei vereinbarter Prüfung nach ÖNORM ONR 23303 [81] eine Wasser-eindringtiefe von maximal 50 mm nachzuweisen. Bei Wasserundurchlässigkeit gegen hohen Wasserdruck (über 10 m Wasserdruckhöhe) sind die Anforderungen für die Expositionsklasse XC4 oder eine Wassereindringtiefe von maximal 25 mm nachzuweisen.

Tabelle 060|3-15: Expositionsklassen für die Dichtigkeit des Betongefüges – ÖNORM B 4710-1 [72]

Klasse	Umgebung und Wasserandrang	Zuordnung von Expositionsklassen
XC1	trocken oder ständig nass	Beton in Gebäuden im Wohn- und Bürobereich (einschließlich Küche, Bad und Waschküche in Wohngebäuden); permanent dem Wasser ausgesetzte Bauteile, z. B. Fundamente im Grundwasser
XC2	nass, selten trocken nicht drückendes Grundwasser Wasserdruckhöhe unter 2 m	Innenräume mit hoher Luftfeuchtigkeit, z. B. in gewerblichen Küchen, Bädern, Wäschereien, in Feuchträumen von Hallenbädern, in Viehställen; Wasser zurückhaltende Gebäude, viele Grundmauern; Bauwerke in nicht drückendem Grundwasser (ohne Anforderungen an die Dichtheit)
XC3	Wasserdruckhöhe 2 bis 10 m Wassereindringtiefe maximal 50 mm	Wasserbauten und dichte Betonbauwerke, die mäßigem Wasserdruck ausgesetzt sind
XC4	Wasserdruckhöhe über 10 m Wassereindringtiefe maximal 25 mm	Wasserbauten und dichte Betonbauwerke, die hohem Wasserdruck ausgesetzt sind

Die Prüfung der Wassereindringtiefe nach ÖNORM ONR 23303 [81] ist vorzugsweise an plattenförmigen Probekörpern durchzuführen. Wenn nicht anders festgelegt, sind jeweils drei Probekörper zu prüfen und das Ergebnis als Mittelwert anzugeben. Der Wasserdruck ist bei der Prüfung von Platten auf eine der großen Flächen, bei Proben aus einem Bauwerk in der Richtung der Gebrauchsbeanspruchung anzusetzen. Für die Druckprüfung auf einer Kreisfläche mit 10 cm Durchmesser ist der Wasserdruck in zwei Druckstufen – 1. bis 3. Tag mit 1,75 bar und 4. bis 14. Tag mit 7,0 bar – aufzubringen.

Unmittelbar nach der Druckbeanspruchung sind die Probekörper zu spalten und die Wassereindringtiefe zu vermessen.

Abbildung 060|3-17: Prüfung der Wassereindringtiefe – ÖNORM ONR 23303 [81]

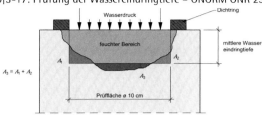

Die Anforderungen an die Dichtheit eines Bauwerkes sind nach Art und zukünftiger Nutzung des Objektes unterschiedlich. In Abhängigkeit von äußeren Einflussfaktoren – wie Wasserdruck, Untergrund, klimatische Verhältnisse usw. – kann durch Wahl einer geeigneten Konstruktionsklasse eine vorher festzulegende Anforderungsklasse erreicht werden. In der öbv-Richtlinie [37] werden fünf Anforderungsklassen definiert, die in Abhängigkeit vom Wasserdruck sowie der Konstruktionsklasse erreicht werden können. Die Anforderungsklasse ist vom Bauherrn in Zusammenarbeit mit dem Planer in Abhängigkeit von der vorgesehenen Nutzung festzulegen, wobei die Aspekte der Wirtschaftlichkeit und technischen Realisierbarkeit zu beachten sind. Die Anforderungsklasse A_s sollte nur für Sonderfälle, die Anforderungsklasse A_3 im Wesentlichen nur für einschalige Bauweisen mit Bohrpfahl- oder Schlitzwand verwendet werden.

Fünf Anforderungsklassen werden definiert, die in Abhängigkeit vom Wasserdruck sowie der Konstruktionsklasse erreicht werden können.

Tabelle 060|3-16: Anforderungsklassen Wasserundurchlässigkeit von Wänden, Bodenplatten und Decken [37]

	A_s	A_1	A_2	A_3	A_4
Kurzbezeichnung	vollständig trocken	weitgehend trocken	leicht feucht	feucht	nass
Betonoberfläche	keine visuell feststellbaren Feuchtstellen erkennbar	visuell einzelne feststellbare Feuchtigkeitsstellen	visuell und manuell feststellbare einzelne glänzende Feuchtigkeitsstellen an der Oberfläche	tropfenweiser Wasseraustritt mit Bildung von Wasserschlieren	einzeln rinnende Wasseraustrittsstellen für Bodenplatten, Wände und Schlitzwände
Feuchtigkeitsstellen		nach Berühren mit der trockenen Hand sind daran keine Wasserspuren zu erkennen	keine Mengenmessung von ablaufendem Wasser möglich, nach Berühren mit der Hand sind daran Wasserspuren erkennbar	ablaufendes Wasser kann in Auffanggefäßen mengenmäßig gemessen werden	ablaufendes Wasser kann in Auffanggefäßen mengenmäßig gemessen werden
zulässige Fehlstellen an der Betonoberfläche		1 ‰ der Bauteiloberfläche als Feuchtigkeitsstelle zulässig; Wasserfahnen, die nach max. 20 cm abtrocknen	1 ‰ der Bauteiloberfläche als Feuchtigkeitsstelle zulässig; einzelne Wasserfahnen, die an der Betonoberfläche des jeweiligen Bauteils abtrocknen	für Wände, Bodenplatten und Schlitzwände gilt: die max. Wassermenge pro Fehlstelle bzw. Laufmeter Schlitzwandarbeitsfuge ≤0,2 l; Wasserdurchtritt pro m² Wand im Mittel ≤0,01 l/h	Wassermenge pro Fehlstelle ≤2 l/h; Wasserdurchtritt pro m² Wand im Mittel ≤1 l/h
Zusatzmaßnahmen	bauphysikalische Untersuchung und Konditionierung/Klimatisierung des Raumes unbedingt erforderlich	bauphysikalische Untersuchung erforderlich, der zufolge eine Konditionierung/Klimatisierung des Raumes erforderlich sein kann	in Sonderfällen ist eine Konditionierung/Klimatisierung notwendig	Entwässerungsmaßnahmen vorsehen	Entwässerungsmaßnahmen vorsehen
Beispiele	Lager für besonders feuchtigkeitsempfindliche Güter	Verkehrsbauwerke mit hohen Anforderungen; Aufenthaltsräume; Lager; Hauskeller; Haustechnikräume	Garagen, Verkehrsbauwerke, Haustechnikräume	Garagen (mit Zusatzmaßnahmen, z. B. Entwässerungsrinnen)	Außenschale der zweischaligen Bauweise

Der Wasserdruck ist auf die Unterkante des betrachteten Bauteils zu beziehen, wobei die obere Grenze der Bemessungswasserstand bildet. Der Zusammenhang zwischen Anforderungsklasse, Wasserdruck (entspricht Wassersäule WS) und Konstruktionsklasse ist in [37] enthalten. Die Konstruktionsklassen legen die konstruktiven Anforderungen bei einer gewünschten Konstruktionsqualität fest. Kon_2 erfordert geringe konstruktive Vorkehrungen, geringer betontechnologische Anforderungen und kleinere Bewehrungsgehalte – dafür ist die erreichbare Dichtheit auch kleiner.

Abbildung 060|3-18: Zusammenhang Anforderungs- und Konstruktionsklassen für weiße Wannen nach öbv-Richtlinie [37]

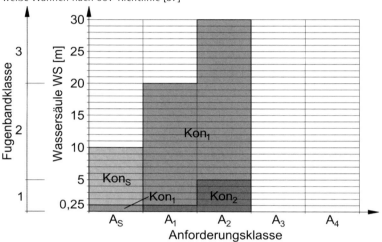

Tabelle 060|3-17: Konstruktionsklassen für weiße Wannen nach öbv-Richtlinie [37]

Konstruktionsklasse	Wasserdruck WS [m]	min. Bauteildicke [1] [m]	Bemessung [mm]	sonstige konstruktive Erfordernisse
Kon_S	0 – 0,25 0,25 – 3 3 – 5 5 – 10 10 – 30	≥0,25 ≥0,45 ≥0,50 ≥0,60 -	Rissbreitenbeschränkung auf ≤0,15	maximale Abstände der Dehnfugen: ≤15 m Einbau von Gleitfolien als Trennung von Außen- und Innenschale erforderlich; eventuell doppelte Fugenbandführung; Vermeidung von Höhensprüngen und Bewegungsbehinderungen durch Kontakt mit der Umgebung
Kon_1	0 – 0,25 0,25 – 3 3 – 5 5 – 10 10 – 30	≥0,25 ≥0,25 ≥0,30 ≥0,35 ≥0,60	Rissbreitenbeschränkung auf ≤0,20	empfohlene Abstände der Dehnfugen: 15-30 m Höhensprünge angerampt, Neigung ca. 30°; Einlage von Trennfolien empfohlen; Anordnung von Temperaturfeldern; bei Ausführung als Verbundsystem (enge Verzahnung mit einer Außenwand) Bauteillänge ≤40 m
Kon_2	0 – 0,25 0,25 – 3 3 – 5 5 – 10 10 – 30	≥0,25 ≥0,25 ≥0,30 - -	Rissbreitenbeschränkung auf ≤0,25	empfohlene Abstände der Dehnfugen: 30-60 m Kontakt mit der Umgebung zugelassen; Blockteilung bei Querschnitts- bzw. Steifigkeitsänderungen; Höhensprünge sind konstruktiv zu beachten

1) ohne Berücksichtigung der statischen, herstellungstechnischen und konstruktiven Erfordernisse

Abhängig vom Abdichtungsprinzip werden unterschiedliche Fugenbandmaterialien eingesetzt. Allen Abdichtungsprinzipien liegt zugrunde, dass der Umwanderungsweg ausreichend konzipiert sein muss. Die Abdichtungsprinzipien und Materialien sind abhängig von den objektspezifischen Randbedingungen. Die Abdichtungsprinzipien können je nach Fugenbandart unterschiedlich sein. Je nach Beanspruchung – also Wasserdruck WS – sind innen liegende bzw. außen liegende Fugenbänder aus unterschiedlichen Fugenbandklassen zu wählen. Details dazu siehe Kapitel 060|4.

Bei der Betonzusammensetzung ist besonders darauf zu achten, dass der Beton eine gute Verarbeitbarkeit und ein dichtes Gefüge aufweist. Ebenso ist eine möglichst geringe Wasserabsonderung sicherzustellen. Zur Vermeidung schädlicher Risse ist neben konstruktiven Maßnahmen (z. B. rissweitenbegrenzende Bewehrung) und bautechnischen Vorkehrungen (z. B. Ausschalzeitpunkt, Nachbehandlung) die Verwendung eines Betons notwendig, bei dem möglichst geringe Temperatur- und Schwindspannungen entstehen. Dazu sollen die zur Erreichung der geforderten Betoneigenschaften notwendigen Wassermengen und die bei der Erhärtung freigesetzte Hydratationswärme möglichst gering sein. Beton für wasserdichte Bauwerke sollte bei Einhaltung der geforderten Betoneigenschaften unter Verwendung wassersparender Zusatzmittel (FM, BV, LPV) hergestellt werden. Zur Verringerung der Temperaturspannung ist die Verwendung C_3A-armer oder zumahlstoffhältiger Zemente zu empfehlen. Ebenso kann ein Teil des Bindemittels durch hydraulisch wirksame Zusatzstoffe, z. B. Flugasche, ersetzt werden. Der Einfluss der Frischbetontemperatur auf die Temperaturentwicklung, die maximale Bauwerktemperatur bei der Erhärtung, die Festigkeitsentwicklung und die Endfestigkeit des Betons sind ebenfalls zu beachten (Frischbetontemperaturen um 15 °C haben sich als besonders günstig erwiesen).

> Zur Erreichung der geforderten Betoneigenschaften sollen die notwendigen Wassermengen und die bei der Erhärtung freigesetzte Hydratationswärme möglichst gering sein.

Weiße Wannen sind grundsätzlich nach der aktuellen Normenlage zu berechnen und zu bemessen. Die Bewehrung ist als feinmaschiges Netz so zu legen, dass auftretende Risse möglichst fein verteilt werden. Besonderes Augenmerk ist der Ausbildung von Fugen und Durchdringungen zu widmen, da diese in vielen Fällen Schwachpunkte des Abdichtungssystems darstellen. Eigengewicht der Konstruktion, Erddruck und Wasserdruck sind gemäß den einschlägigen Normen zu berücksichtigen. Für den Rissbeschränkungsnachweis müssen beispielsweise gemäß ÖNORM B 1992-1-1 [63] die ständig wirkenden Nutzlasten (Dauerlasten) beachtet werden.

Zwangsbeanspruchungen

In statisch unbestimmten Systemen muss auf Zwängungen aus Temperatur, Schwinden und Kriechen sowie auf Lagerverschiebungen Bedacht genommen werden, und zwar wenn sie einen maßgebenden Beitrag zu den Schnittgrößen liefern. Eine risseverteilende Bewehrung bei überwiegender Zwangsbeanspruchung gemäß ÖNORM B 1992-1-1 [63] ist auf jeden Fall vorzusehen.

- Temperatur: Für unterirdische Bauwerke ist im Allgemeinen mit einer Temperaturdifferenz von ±10 °C zu rechnen. Nähere Hinweise zur Bemessung sind auch in der öbv-Richtlinie „Wasserundurchlässige Betonbauwerke – Weiße Wannen" [37] enthalten.

- Schwinden und Kriechen: Die Größenordnung der Schwind- und Kriechbeiwerte kann auch für nicht vorgespannte Konstruktionen gemäß ÖNORM B 1992-1-1 [63] abgeschätzt werden, dabei darf der Abbau der Zwangsbeanspruchungen durch das Kriechen des Betons in Rechnung gestellt werden. Es ist jedoch zu berücksichtigen, dass die ungünstigsten Zwangsbeanspruchungen zumeist im jungen Bauwerk auftreten und dass zu diesem Zeitpunkt zufolge der noch nicht voll

> In statisch unbestimmten Systemen muss auf Zwängungen aus Temperatur, Schwinden und Kriechen sowie auf Lagerverschiebungen Bedacht genommen werden.

entwickelten Zugfestigkeit des Betons am ehesten Rissbildungen zu erwarten sind.

– Setzungen, Hebungen, Verdrehungen: Bei der Ermittlung von Schnittgrößen zufolge Langzeitdifferenzverformungen darf der Abbau der durch Kriechen entstehenden Schnittgröße im Allgemeinen durch den Faktor 0,5 berücksichtigt werden.

Gebrauchstauglichkeitsnachweise

Die Bewehrung ist so zu konstruieren und anzuordnen, dass eventuell auftretende Risse möglichst fein verteilt werden (Mindestanforderung quadratisches Netz a = 15 cm). Durch die Wahl der Stabdurchmesser, der Abstände der Bewehrung und durch den Bewehrungsgehalt kann die Einzelrissbreite gesteuert werden. Gemäß dem Anforderungsprofil werden die nach dem Zusammenhang von Anforderungsklasse und Konstruktionsklasse in Tabelle 060|3-17 angeführten Rissbreiten gefordert.

Das Ziel der Betonierarbeiten ist die Herstellung eines möglichst dichten Betongefüges (eines praktisch vollständig verdichteten Betons) und einer geschlossenen, dichten Betonoberfläche. Als Schalung sind glatte, wassersperrende Elemente mit dichten Elementfugen zu verwenden. Das Zusammenspannen der Schalwände mittels Rödeldrähten ist wegen der Korrosionsgefahr zu vermeiden. Zu empfehlen sind Schalungsanker mit aufgestecktem Konus und die Ausfüllung des Hohlraumes mit schwindfreiem Fertigmörtel bzw. die Verwendung von Rohr-Distanzelementen, die nach dem Ausschalen sauber zu verkleben sind. Zum Teil werden durch den Baukörper führende Verankerungen bei einer weißen Wanne von den Baubehörden nicht zugelassen. Beim Einbringen und Verdichten sind folgende Punkte zu beachten:

Das Ziel der Betonierarbeiten ist die Herstellung eines möglichst dichten Betongefüges und einer geschlossenen, dichten Betonoberfläche.

- Freie Fallhöhen über 1,50 m sind zu vermeiden.

- Die Schüttlagen sind mit 50 cm zu beschränken.

- Die Wirkungsbereiche der Rüttler müssen sich in horizontaler und vertikaler Richtung überschneiden. Als Wirkungsdurchmesser des Innenrüttlers ist etwa der 7- bis 10-fache Rüttelflaschendurchmesser anzusetzen.

Abbildung 060|3-19: Bodenplatte mit unterschiedlicher Sohlausbildung [3]

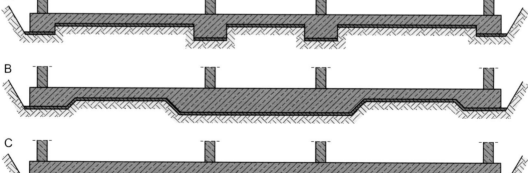

A   klassische Ausbildung mit Rosten und Platte
B   Bodenplatte mit Vouten
C   dicke Bodenplatte

Um Zwänge aus Temperaturverkürzungen zu reduzieren, sollten die Betonbauteile gegenüber dem Boden auf Gleitschichten hergestellt werden. Dabei ist jedoch auch die Ausformung der Gleitfläche wesentlich. Die Ausführung C in Abbildung 060|3-19 ist diesbezüglich bei maschinellem Aushub am günstigsten, wenn auch materialintensiver in der Anwendung. Ausführung B hat Vorteile vor allem in der Bewehrungsführung und stellt praktisch die Regelausführung einer Bodenplatte mit lokalen Lasteinleitungsbereichen dar. Hier ist theoretisch eine horizontale Verschieblichkeit dann gegeben, wenn weiche Distanzelemente an den schrägen Voutenwänden die Verschiebung der Platte widerstandsarm ermöglichen (in der praktischen Ausführung problematisch). Für Ausbildung A gilt diesbezüglich dasselbe, diese Ausführung ist wegen der schwierigeren Beherrschbarkeit von Rissen (Kerbwirkung) nicht empfehlenswert.

Abbildung 060|3-20: Fundierung mit Kollektoren

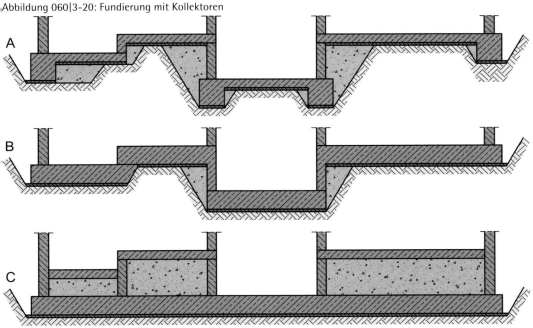

A   unterschiedliche Kellerniveaus mit Rosten und Platte
B   Bodenplatte mit Niveauversprüngen
C   durchgehende Bodenplatte mit Auffüllungen

Ein weiteres Beispiel (Abbildung 060|3-20) für die einer weißen Wanne entsprechende Ausführung sind die Ausbildungen B und C. Selbst der Mehraufwand von Auffüllung und Mehrbeton für die Bodenplatte ist gering zu werten gegenüber den schwierigen, mit vielen Fugenbändern anzuschließenden Wand- und Plattenteilen und dem hohen Rissrisiko, welches durch Zwänge gerade in den Anschlussbereichen entsteht. Gleitfolien und weiche Zwischenlagen haben bei dieser Ausführungsform keine Wirksamkeit mehr.

Braune Wanne

060|3|3|3

Ursprünglich war die Form der Abdichtung aus Bentonitschichten und Kunststoffbahnen für Deponieabdichtungen vorgesehen, wobei sich in den letzten Jahren die so genannte braune Wanne als weitere Bauform für Hochbauten im

Grundwasser neben schwarzer und weißer Wanne etablieren konnte. Die näheren Bestimmungen zur Ausführung sind seit 2019 in der öbv-Richtlinie „Bentonitgeschützte Betonbauwerke – Braune Wannen" [36] niedergeschrieben. Dabei handelt es sich um eine Stahlbetonkonstruktion mit außen liegenden (wasserseitig angeordneten) geotextilen Dichtmatten mit Bentonitfüllung, wobei die abdichtende Wirkung durch das Zusammenwirken von Stahlbetonkonstruktion (aus wasserdichtem Beton) und außen liegender Dichtschicht aus Bentonit erreicht wird. Wegen der braunen Färbung des Bentonits erhielt diese Bauweise die Bezeichnung „braune Wanne".

Die Anfänge der braunen Wanne reichen zurück in die 70er Jahre des vorigen Jahrhunderts. Bentonitgranulat wurde damals in Hohlkammern von Wellkartons gefüllt und als Panels unter der Sohlplatte verlegt oder von außen an den Wänden befestigt. Dabei waren noch zusätzliche Schutzmaßnahmen für die Abdichtungshaut erforderlich. Seit rund 1990 werden für die braune Wanne Geotextilien eingesetzt, die mit Bentonitgranulat gefüllt sind. Beispielsweise beim Voltex-System sind die äußeren Geotextillagen untereinander vernadelt, wodurch der entstehende Quelldruck bereits innerhalb des Systems aufgenommen wird.

Abbildung 060|3-21: Braune Wanne – Vernadelung

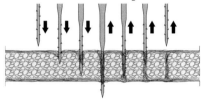

Die wesentlichen Vorteile liegen im einfachen und witterungsunabhängigen Einbau sowie im Selbstheilungseffekt. Hinsichtlich der Rissweitenbeschränkung werden deutlich geringere Anforderungen gestellt als bei der weißen Wanne. Die unbedenkliche Rissbreite liegt bei der weißen Wanne – abhängig von Anforderungsklassen – im Bereich von 0,15 bis 0,25 mm, bei braunen Wannen können Rissweiten von im Betonbau üblichen 0,30 mm akzeptiert werden. Die bei Dichtbetonwannen erforderliche sensible Ausführung der Arbeitsfugen spielt durch die davorliegende Bentonitabdichtung eine untergeordnete Rolle. Hier werden in der Regel eigene Systeme aus Bentonitquellfugenbändern eingesetzt.

Bentonite sind Tonminerale, die durch Ablagerung vulkanischer Aschen entstanden sind – Bentonit ist abgeleitet vom Namen Ford Benton in Wyoming (USA), wo größere Lagerstätten des natürlichen Natriumbentonits vorkommen. Natriumbentonit ist bei Zutritt von Wasser in der Lage, das 5- bis 7-Fache seines Gewichtes an Wasser zu binden, wobei bei freier Quellung eine Volumenzunahme bis zum 12- bis 15-Fachen eintritt und eine gelartige Suspension entsteht. Wird diese Quellung in ihrer Ausdehnung behindert (Auflast der Fundamentplatte, oder Anpressdruck der Hinterfüllung an den Kellerwänden), bewirkt der hohe Quelldruck eine abdichtende Wirkung. Dadurch werden Hinterläufigkeiten der Abdichtungsebene völlig ausgeschlossen. Sowohl die weiße Wanne als auch die braune Wanne sind nicht absolut wasserdicht, sondern gelten als wasserundurchlässig. Der Durchlässigkeitsbeiwert k kann als Richtwert mit 10^{-11} m/s angenommen werden. Beispielsweise weist das Prüfzeugnis für die Voltex-Braune Wanne mit

Die braune Wanne ist eine Stahlbetonkonstruktion mit wasserseitig angeordneten geotextilen Dichtmatten mit Bentonitfüllung.

Natriumbentonit ist bei Zutritt von Wasser in der Lage, das 5- bis 7-Fache seines Gewichtes an Wasser zu binden.

4,5x10^{-12}m/s einen noch kleineren Wert aus. Eine 1 cm starke Schicht aus natürlichem Natriumbentonit besitzt damit die gleiche Durchlässigkeit wie eine 100 cm starke Betonschicht. Untersuchungen belegen, dass aus der Quellung des Bentonits bei vernadelten Geotextilien keine Druckbelastungen auf das Bauwerk oder auf die Bauwerksumgebung entstehen.

Das Quellvermögen und damit die abdichtende Wirkung kann durch Salzkonzentrationen im Grundwasser beeinflusst werden, weshalb vor Planung einer braunen Wanne das Grundwasser zu untersuchen ist. Wie bei der weißen Wanne ist der Einsatz dieser Konstruktion nur unter besonderen Randbedingungen möglich.

• Die im Gebrauchszustand durch Abdichtung und Stahlbetonkonstruktion gelangende Feuchtigkeitsdiffusion muss im Gebäude schadlos abgeführt werden können.

• Die Aggressivität des auf die Abdichtung treffenden Grundwassers ist in der Vorprojektsphase zu untersuchen.

Die Anforderungsklassen sind wie bei der weißen Wanne (Tabelle 060|3-16) geregelt, der Zusammenhang mit der Konstruktionsklasse ist in Abbildung 060|3-22 dargestellt.

Abbildung 060|3-22: Zusammenhang zwischen Anforderungs- und Konstruktionsklassen bei braunen Wannen nach öbv-Richtlinie [36]

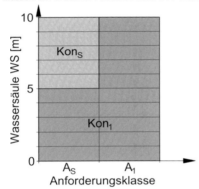

Tabelle 060|3-18: Konstruktionsklassen für braune Wannen nach öbv-Richtlinie [36]

Konstruktionsklasse	Wasserdruck WS [m]	min. Bauteildicke [1] [m]	Bemessung [mm]	sonstige konstruktive Erfordernisse
Kon$_S$	0 – 2	≥0,30	Rissbreiten-	
	2 – 5	≥0,30	beschränkung	empfohlene Abstände der Dehnfugen: ≤30 m
	5 – 10	≥0,30	auf ≤0,30	
Kon$_1$	0 – 2	≥0,20	Rissbreiten-	
	2 – 5	≥0,25	beschränkung	empfohlene Abstände der Dehnfugen: ≤60 m
	5 – 10	≥0,30	auf ≤0,30	

1) ohne Berücksichtigung der statischen, herstellungstechnischen und konstruktiven Erfordernisse

Die geotextilen Bentonitmatten können in fast jeder Wetterlage verlegt werden. Unterhalb der Sohlplatte erfolgt die Verlegung in der Regel auf einer Sauberkeitsschicht. Stöße werden mit 10 cm überlappt und durch Einstreuung von Bentonit-Granulat bzw. speziellen Bentonitstreifen gesichert. Eine zusätzliche mechanische Verklammerung verhindert ein Verschieben während des nachfolgenden Bauablaufes. Die Verlegung der Bewehrung erfolgt dann unter Verwendung flächiger Abstandshaltern direkt auf den Bentonitmatten.

Beim anschließenden Betoniervorgang verbindet sich der Frischbeton mit den freien Fasern der geotextilen Matte zu einer festen Einheit. Eine Besonderheit der Verlegung stellt sich im Wandbereich dar. Die Bentonitmatten werden an der äußeren Betonschalung hochgeführt und durch Nagelung befestigt. Die Stoßausbildung erfolgt dabei analog wie unter der Sohlplatte. Auch hier verbindet sich die Bentonitmatte beim Betonieren mit dem Beton und ist nach dem Ausschalen unlösbar mit der Betonoberfläche verbunden.

Beispiel 060|3-02: Verlegung der Bentonitabdichtung vor dem Betonieren

Schwarze Wanne
Schwarze Wanne – überschütteter Bauteil

Bild 060|3-01
Bild 060|3-02

Kellerabdichtung mit Bitumenbeschichtung
Voranstrich für bituminöse Abdichtung
Randhochzug beim Anflämmen

Bild 060|3-03
Bild 060|3-04
Bild 060|3-05

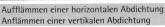

Aufflämmen einer horizontalen Abdichtung
Anflämmen einer vertikalen Abdichtung

Bild 060|3-06
Bild 060|3-07

Bild 060|3-08

Bild 060|3-09

Bild 060|3-10

Flämmvorgang bituminöse Abdichtung im Eckbereich
Bituminöse Abdichtung – unter Freitreppe
Bituminöse Vertikalabdichtung an Kelleraußenwand

Bild 060|3-08
Bild 060|3-09
Bild 060|3-10

Bild 060|3-11

Bild 060|3-12

Randhochzug
Spritzabdichtung – Verarbeitung

Bild 060|3-11
Bild 060|3-12

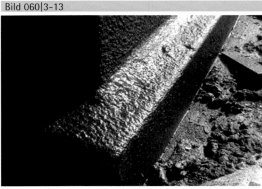
Bild 060|3-13

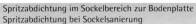
Bild 060|3-14

Spritzabdichtung im Sockelbereich zur Bodenplatte
Spritzabdichtung bei Sockelsanierung

Bild 060|3-13
Bild 060|3-14

Bild 060|3-15

Bild 060|3-16

Bild 060|3-17

Bild 060|3-18

Bild 060|3-19

Bild 060|3-20

Bild 060|3-21

Bild 060|3-22

Bild 060|3-23

Bild 060|3-24

Bild 060|3-25

Bild 060|3-26

Bild 060|3-27

Bild 060|3-28

Bild 060|3-29

Keller als weiße Wanne – Bodenplattenherstellung
Keller als weiße Wanne – Wanderrichtung
Keller als weiße Wanne – Deckenherstellung

Bilder 060|3-15 bis 21
Bilder 060|3-22 bis 26
Bilder 060|3-27 bis 29

Bild 060|3-30

Bild 060|3-31

Verlegung – Bentonitmatten für braune Wanne
Bentonitabdichtung – Verlegung auf Bodenplatte

Bild 060|3-30
Bild 060|3-31

Bild 060|3-32

Bild 060|3-33

Bild 060|3-34

Wandhochführung braune Wanne
Bewehrungsverlegung auf den Bentonitmatten
Bentonit-Wandabdichtung braune Wanne

Bild 060|3-32
Bild 060|3-33
Bild 060|3-34

Bild 060|3-35

Bild 060|3-36

Versprünge der Bodenplatte mit Bentonitabdichtungsbahnen
Bentonit-Wandabdichtung braune Wanne

Bild 060|3-35
Bild 060|3-36

Alfred Zechner Ges.m.b.H. – Softwareentwicklung seit 28 Jahren

Seit bereits **28 Jahren** erstellen und vertreiben wir Software für die Gewerke Dachdecker, Spengler, Schwarzdecker, Bauwerksabdichter und Zimmermeister. Wir freuen uns Ihnen auch 2021 wieder neue und innovative Produkte für unsere Kalkulationssoftware Z-Kalk® 64Bit präsentieren zu dürfen. Den Baustellenplaner als App für Android und Apple haben wir erfolgreich, in Zusammenarbeit mit unseren Kunden, weiterentwickelt. Zusätzlich führen wir, exklusiv für Z-Kalk® 64Bit, den Richtwertkatalog für den Bauwerksabdichter und weiters LB-H Positionen für Dachdecker (22), Spengler (23), Schwarzdecker (21) und Zimmermeister (36) fertig kalkuliert in unserem Angebot.

Unsere Kalkulationssoftware **Z-Kalk® 64Bit** eignet sich für normale Ausschreibungen (KV) aber auch für Ausschreibungen nach ÖNORM (DTN/DTA oder ONLV). Erstellen Sie Aufmaße nach ÖNORM A2114 und senden die Rechnung als ONRE an Ihre Kunden.

Mit Spenglermeister Fred Löffler und seinen Sohn Alexander verfügen wir auch über Ansprechpartner im Westen von Österreich.

Kalkulation für Bauwerksabdichter exklusiv für Z-Kalk® 64Bit

- ✓ Knapp 60.000 kalkulierte Positionen.
- ✓ Sehe Sie mehr im Präsentationsvideo (siehe QR-Code).
- ✓ Exklusiv für Z-Kalk® 64Bit.

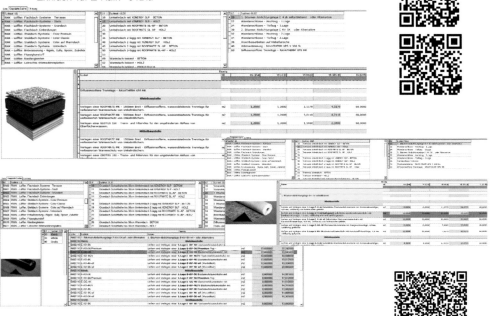

Österreichweit für Sie da

8010 Graz - 1030 Wien - 6300 Wörgl

0316-84 00 92 | office@zechner.cc | www.zechner.cc

Lassen Sie sich von unseren Produkten überzeugen und vereinbaren Sie noch heute einen Präsentationstermin mit uns. **Präsentation, Installation und Schulung können auch kontaktlos über Fernwartung erfolgen!**

Alfred Zechner Ges.m.b.H.
Humboldtsraße 18, 8010 Graz
Tel.: 0316/84 00 92
E-Mail: office@zechner.cc

Detailausbildungen

Die wichtigsten Detailausbildungen im Kellerbereich betreffen die Außenbauteile mit der Ausbildung von Fugen und von Durchdringungen sowie die Anbindung zusätzlicher außen liegender Bauteile wie Lichtschächte und Zugangstreppen.

Fugen

Bauwerke aus Beton können – bis auf Ausnahmefälle – nicht beliebig groß in einem Arbeitsgang (Betonierabschnitt) hergestellt werden. Die notwendigen Unterbrechungen im Herstellprozess werden Arbeitsfugen genannt und sind keine eigentlichen Fugen, sondern „Nähte", bei denen die Homogenität gestört ist. Im Mauerwerk gibt es keine Arbeitsfugen, bei Fertigteil-Elementbauweisen sind Arbeitsfugen nach jedem Element zwangsläufig gegeben.

- Arbeitsfugen – gehen durch den gesamten Querschnitt und sind Nahtstellen zwischen einzelnen Arbeitsabschnitten oder Materialien.

Werden Decken auf Mauerwerk aufgelegt, entstehen im Deckenrostbereich Materialwechsel. Diese Fugen sind ihrem Sinne nach Arbeitsfugen, sie trennen unterschiedliche Bauteile, sie sind aber auch Stellen, an denen sich geringfügige Bewegungen ausprägen. Deshalb sind diese Fugen nicht in die starre Typologie einzupassen, Abdichtungen über diesen Fugen sind besonders zu betrachten.

Im Gegensatz zu den Arbeitsfugen, in denen Bewegungen zwischen den aneinander stoßenden Bauteilen (zumindest planmäßig) nicht auftreten dürfen, stehen Bauteilfugen oder Raumfugen. Diese trennen Bauteile tatsächlich und ermöglichen dadurch unterschiedliche Bewegungen zwischen diesen.

- Bewegungsfugen – dienen der Aufnahme von Bewegungen aus verschiedenen Richtungen, bei wiederholt auftretenden Bewegungen z. B. aus dynamischen Verkehrslasten.

- Dehn- und Schwindfugen – gehen durch den gesamten Querschnitt und dienen dem Ausgleich von Formänderungen. Querbewegungen in der Fuge können durch Verzahnen der Bauteile vermieden werden.

- Setzungsfugen – unterteilen Bauwerke, wenn ungleichmäßiger Baugrund vorliegt oder unterschiedliche Belastungen unterschiedliche Setzungen hervorrufen. Jede Setzungsfuge ist gleichzeitig auch Dehnfuge.

Gebäudefugen sind Bewegungsfugen zwischen Bauwerken auf unterschiedlichen Liegenschaften. Da man dort Abdichtungen in der Regel nicht durchzieht, werden die Beanspruchung von Gebäudefugen z. B. aus Erdbeben und die dafür nötigen Vorkehrungen in diesem Buch nicht behandelt.

Scheinfugen entsprechen einer durch gezielte Querschnittsschwächung hervorgerufenen „Sollbruchstelle". Dabei unterscheidet man zwischen:

- Scheinfugen für Verformungen während der Bauherstellung („Schwindfugen"), die nachträglich ausgegossen oder injiziert werden und daher im Endzustand einer Arbeitsfuge entsprechen, und

- Scheinfugen für Verformungen während der Bauherstellung und für wiederkehrende Formänderungen (diese entsprechen Dehnfugen).

Pressfugen entstehen, wenn zwei Bauteile gegeneinander betoniert werden, jedoch eine homogene Verbindung beider Teile durch Einlegen einer Trennschicht verhindert wird.

Bauteil- oder Raumfugen trennen Bauteile und ermöglichen dadurch unterschiedliche Bewegungen zwischen diesen.

Abbildung 060|4-01: Scheinfugen in Dichtbetonbauteilen

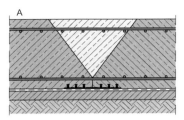

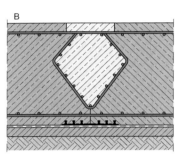

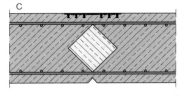

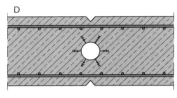

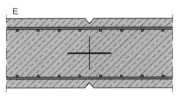

A   V-förmige Aussparung in Bodenplatte
B   Betonierfuge in dicker Bodenplatte
C   Rippenstreckmetallkorb in Wand
D   Dichtungsrohr aus Kunststoff in Wand
E   Fugenblechkreuz in Wand

Sind Bauteilfugen in der Fundamentplatte ausgebildet, müssen sie auch in aufgehenden Wänden durchgeführt werden. In weiterer Folge sind sie auch in der darüber angebrachten Abdichtungskonstruktion auszubilden.

Sind Bauteilfugen in der Fundamentplatte ausgebildet, müssen sie auch in aufgehenden Wänden durchgeführt werden.

Arbeitsfugen

060|4|1|1

Arbeitsfugen oder Betonierfugen sind Fugen zwischen einzelnen Betonierabschnitten. Betonierfugen können auch als Scheinfugen ausgeführt werden. An Arbeitsfugen sind Abwinkelungen möglichst zu vermeiden. Eine Anordnung erfolgt in der Regel:

- zwischen Fundamentplatte und aufgehenden Wänden
- zwischen Feldern von Fundament- oder Deckenplatten
- zwischen einzelnen Wandabschnitten
- zwischen Wänden und Decken
- an konstruktionsbedingten Unterteilungen größerer Bauteile

Bei Dichtbetonbauteilen muss die in der Arbeitsfuge vorhandene Zugbewehrung die form- bzw. kraftschlüssige Verbindung zwischen den Betonflanken auch bei auftretenden Zugbeanspruchungen gewährleisten, die Dichtheit wird durch eingelegte Fugenbänder gewährleistet. Wenn Scheinfugen zum Abbau von Zwangsspannungen aus Hydratationswärme zusätzlich zu regulären Arbeitsfugen bei Dichtbetonbauwerken eingebaut werden sollen, sind z. B. außen liegende Fugenbänder anzuordnen und der Beton darüber keilförmig auszulassen bzw. sind diese Stellen erst nach dem Abbau der Eigenspannungen auszufüllen.

Arbeits- oder Betonierfugen sind Fugen zwischen einzelnen Betonierabschnitten.

Tabelle 060|4-01: Fugenbandmaterialien und Abdichtungsprinzipien nach öbv-Richtlinie [37]

Material	Abdichtungs-prinzip	Verbindungs-möglichkeit	Eignung für Fugenart	Anforderungen
PVC-P Thermoplaste	Labyrinthprinzip	thermisch verschweißen	Dehnfuge Arbeitsfuge	Zugfestigkeit gem. EN ISO 527 Teil 1-3 >10 N/mm²
Elastomere (Natur-/Synthese-kautschuk)	Labyrinthprinzip	vulkanisieren	Dehnfuge Arbeitsfuge	Zugfestigkeit gem. DIN 7865 >10 N/mm² Bruchdehnung >380 % Weiterreißfestigkeit >8 N/mm²
PVC/NBR Kombinations-polymerisate	Labyrinthprinzip	thermisch verschweißen	Dehnfuge Arbeitsfuge	Weiterreißfestigkeit gem. EN ISO 34-1 >12 N/mm² Bruchdehnung (-20 °C) gem. EN ISO 527 Teil 1-3 >200 % Beständigkeit: dauernd gegen Wasser, Kommunalabwasser, Tausalzlösung und Alkalität des Betons; zeitweilig gegen verdünnte Säuren und anorganische Alkalien, Bitumen, Heizöle, Treibstoffe
Fugenblech ohne Beschichtung	Einbettungsprinzip	schweißen, kleben	Arbeitsfuge	Stahlgüte S 235
Fugenblech mit Beschichtung	Einbettungsprinzip Verbund	überlappen	Arbeitsfuge	Haftung der Beschichtung am Beton, dicht bei maximalem Prüfdruck von 5 bar über 4 Wochen
Quellfugenband	Anpressprinzip	stumpf stoßen oder seitlich überlappen	Arbeitsfuge; Fuge Schlitzwand/ Bodenplatte	Quellfähigkeit mind. 200 % Quellverhalten: reversibles Quellverhalten, Verzögerung des Erstquellens Materialeigenschaften: nicht auswaschbar, nicht versprödend
Injektionssysteme	Verfüllprinzip	seitlich überlappt	zusätzlich für Arbeits- und Dehnfugen; für Fugen zwischen Schlitzwand und Bodenplatte	ÖVBB-Richtlinie „Injektionstechnik – Teil 1: Bauten aus Beton und Stahlbeton"
geklebte Bänder	Klebeprinzip	schweißen	Dehnfuge Arbeitsfuge	Haftzugfestigkeit ≥1,5 N/mm² Zugfestigkeit >4 N/mm² Bruchdehnung >400 %

Fugenbandausbildungen bei Dichtbeton

Abhängig vom Abdichtungsprinzip werden unterschiedliche Fugenband-materialien eingesetzt. Allen Abdichtungsprinzipien liegt zugrunde, dass der Umwanderungsweg des anstehenden Wassers entlang der Fugenband-konstruktion ausreichend konzipiert sein muss. Die Abdichtungsprinzipien und Materialien sind abhängig von den objektspezifischen Randbe-dingungen zu wählen. Im Wesentlichen ist nach Material und Wirkungsweise zu unterscheiden.

- Fugenbänder mit gegliederten Fugenbandflanken aus
  - PVC-P (P = Plastomer) – thermisch verschweißbar
  - Natur- und Synthese-Kautschukbändern (Elastomere) – nur durch Vulkanisieren (mit hohem technischem Aufwand) miteinander zu verbinden
  - Kombinationspolymerisate (PVC/NBR) gleichen hinsichtlich der Werkstoffeigenschaften Elastomeren, können jedoch thermisch verschweißt werden.
- Einbetonieren von Stahlblechbändern, durch Verbundhaftung Blech auf Beton; Fugenbleche müssen der Stahlgüte S 235 entsprechen und eine Mindestdicke von 2 mm aufzuweisen. Bewegungen zwischen den zu verbindenden Bauteilen sind nicht zulässig – Störung des Verbundes –

Fugenbleche werden deshalb hauptsächlich nur zwischen Bodenplatte und Wänden eingebaut.

- Einlegen von Quellbändern mit hohem Anpressdruck als Bandabdichtung zu Betonflanke – Quellbänder wirken durch Volumensvergrößerung (Einlagerung von Wasser in die Molekularstruktur) wasserabdichtend (Quellfaktor des wirksamen Dichtmaterials je nach Beanspruchung 100 bis über 200 % – Quelldruck z. B. 15 bar).

- Einbau von Verpressschläuchen – analog Quellbändern, aber mit nachträglicher Abdichtung durch Injizieren

Außen liegende Fugenbänder funktionieren nur, wenn sie auf der Seite des anstehenden Wasserdruckes eingebaut werden. Das Verlegen von außen liegenden Fugenbändern ist einfacher als das mittig liegender, das Risiko von Undichtigkeiten aber größer. Da eine Wasserumläufigkeit leichter eintritt (kürzere Flankenlängen), ist diese Ausführungsform nur bis zu Druckwassertiefen von Wasserhöhe/Bauteildicke <10 möglich. Mittig liegende Fugenbänder dagegen können bis zu 10 m Wasserdruckhöhe ohne Zusatzmaßnahmen eingebaut werden. Fugenbänder werden bei der weißen Wanne je nach Beanspruchung in Fugenbandklassen unterschieden.

Außen liegende Fugenbänder werden immer auf der Seite des anstehenden Wasserdruckes eingebaut.

Tabelle 060|4-02: Fugenbandklassen – Arbeitsfugenbänder weiße Wanne [37]

Fugenbandklasse	Wasserdruck WS [m]	Material	Mindestbreite [cm]	Mindestdicke [mm]
1	0 – 5	PVC; PVC/NBR	24	3,5
		Elastomer	24	8
		Fugenblech	30	2
		Quellprofil	2	7
2	5 – 20	PVC; PVC/NBR	32	4,5
		Elastomer	32	8
		Fugenblech	35	2
3	über 20	PVC; PVC/NBR	50	6
		Elastomer	50	10
		Fugenblech	50	2

Tabelle 060|4-03: Innen liegende Arbeitsfugenbänder braune Wanne [36]

Wasserdruck WS [m]	Material	Mindestbreite [cm]	Mindestdicke [mm]
0 – 3	PVC; PVC/NBR	24	3,5
0 – 5	Elastomer	25	8
	Fugenblech	30	2
0 -10	PVC; PVC/NBR	32	4,5
	Elastomer	30	8
	Fugenblech	35	2

Bei der Verlegung ist besonders die Eckausführung sauber und mit den vom Hersteller vorgegebenen Mindestradien gebogen einzubauen. Für Kreuzungen und Abzweigungen werden auch fabriksmäßig hergestellte Spezialstücke angeboten. Außen liegende Fugenbänder (Oberflächenbänder) werden vor dem Betonieren durch Befestigungslippen an die Schalung genagelt – Achtung bei Stahlschalungen – hier ist die Verwendung von innen liegenden Fugenbändern (Körperbändern) zu bevorzugen. Die Fugenbänder sind bei geeigneter Bewehrungsführung lagemäßig zu fixieren. Bei starken Beanspruchungen oder dem Bedarf nach erhöhter Sicherheit der Fugendichtheit können außen liegende und zusätzlich innen liegende Fugenbänder kombiniert werden.

Beim Betonieren muss darauf geachtet werden, dass sich keine Luftblasen unter den Wülsten der Fugenbandflanken sammeln können, da dadurch eine verstärkte Wasserumläufigkeit verursacht wird. Beim Abschalen im Bereich von Fugenbändern darf das Fugenband nicht aus der vorgesehenen Lage gedrückt werden, und es ist auf eine beiderseits gleichmäßig satte Hinterfüllung zu achten, wobei besonders vorsichtig zu rütteln ist.

Abbildung 060|4-02: Außen liegende Fugenbänder – Arbeitsfugen Bodenplatte [2]

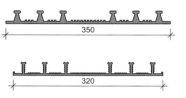
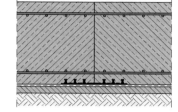

Abbildung 060|4-03: Innen liegende Fugenbänder – Arbeitsfugen Bodenplatte

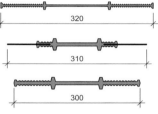
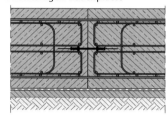

Bei Fugenbändern zwischen Bodenplatte und aufgehender Wand sollte, um eine Kollision von Bewehrung und Fugenband zu vermeiden, der Schalungsansatz für die Arbeitsfuge aus der Bodenplatte etwa 10 cm herausgehoben werden. Der Rand der Bodenplatte wird dabei 20 bis 25 cm über die Außenfläche der Wand vorgezogen, um einen besseren Schalungsansatz zu gewährleisten und gleichzeitig die Bodenpressung infolge Wandlast zu verringern. Diese Standardlösung ist jedoch schalungstechnisch aufwändig und wird in verstärktem Ausmaß durch einfachere Lösungen ersetzt. Vor dem Betonieren des zweiten Bauteiles sind die Fugenbandteile sauber abzuputzen, um ein enges Umschließen des Betons zu ermöglichen.

Abbildung 060|4-04: Arbeitsfugenanschlüsse Bodenplatte-Wand

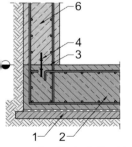
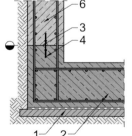
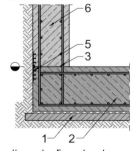
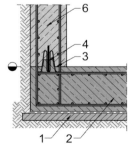

1	Sauberkeitsschicht	4	innen liegendes Fugenband
2	Stahlbetonplatte	5	außen liegendes Fugenband
3	Arbeitsfuge	6	Stahlbetonwand

Verbindungen zwischen innen und außen liegenden Fugenbändern sind problematisch und, wenn nicht vermeidbar, konstruktiv sauber vorzuplanen. Beschädigungen von außen liegenden Fugenbändern beim Ausschalen müssen durch nachträgliches Schweißen repariert werden.

Quellbänder sind nur bis zu gewissen Wasserdrücken einsetzbar, bei größeren Wasserdrücken als 2 bar ist eine Anwendung zu überdenken. Wesentlich für die Wirksamkeit ist die ordentliche Verlegung/Verklebung mit systemabgestimmten Klebern. Das zwischen der Anschlussbewehrung verlegte Quellprofil muss vollständig, also ohne Kiesnester, vom Beton umhüllt werden. Auf eine sorgsame Betoneinbringung, eventuell Verwendung von Feinbeton im Wandfuß, ist zu achten. Quellbandstöße entstehen durch Überlappung mit mindestens 10 cm oder durch stumpfen Stoß, hierbei muss die Stoßstelle aber mit Quellkitt gesichert werden. Quellbänder verlieren ihre Wirksamkeit, wenn die Wasserbeanspruchung wegfällt, sie „schrumpfen" wieder. Bei rasch ansteigendem Wasserspiegel kann dann vorübergehend (ein bis mehrere Tage) eine Undichtheit der Fuge eintreten.

Wesentlich für die Wirksamkeit von Quellfugenbändern ist die ordentliche Verlegung und Verklebung.

Abbildung 060|4-05: Quellfugenbänder und Fugenbleche [3]

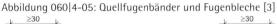

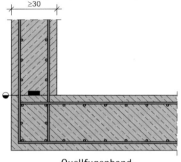
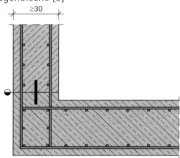

Quellfugenband   Fugenblech

Quellfugenbänder werden auch oft in Kombination mit Injektionsschläuchen (Injektionsfugenbänder) verlegt, welche bei erkennbaren Undichtigkeiten z. B. mit PU-Harzen ausinjiziert werden. Natürlich können Injektionsschläuche auch zusätzlich bei Fugenbändern eingelegt oder auch als alleiniges Fugenabdichtungssystem eingesetzt werden. Verpress- und Entlüftungsenden müssen nach dem Betonieren zugänglich bleiben.

Ungeeignete Fugenabdichtungen sind

- elastische oder plastische Fugendichtungsmassen
- Fugenprofile zum nachträglichen Einkleben
- Moosgummiprofile zum Einpressen
- Vakuumprofile
- Dichtungsbahnen zu Überkleben

Abbildung 060|4-06: Nachträgliche Dehnfugenausbildung – Abdichtungsfolie [99]

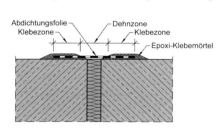
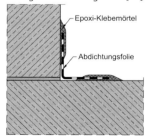

Eine Ausnahme ist die Aufbringung eines Hypalon-Elastomer- oder FPO-Bandes mit hoher Reißdehnung >400 %, welches mittels Epoxy-Mörtels auf den nicht nassen, vorbereiteten Betonuntergrund (Haftzugfestigkeit ≥1,5 N/mm²) in einer Breite von 10 bis 20 cm über die Fuge geklebt wird und diese überdeckt. Bei erwarteten geringfügigen Rissbewegungen muss das Band im Rissbereich auf ca. 2 cm unverklebt bleiben.

Ist bei Schächten in Bodenplatten ein Betonieren in einem Arbeitsgang nicht möglich, sollte für die auszubildenden Arbeitsfugen auf deren Situierung besonders geachtet werden. Die gewählte Lösung ist immer im Zusammenhang mit einer möglichen Verschieblichkeit infolge auftretender Zwangsspannungen zu sehen. Falls diese auftreten kann oder sogar erwünscht wird, ist die Ausführung von Bewegungsfugen zu konzipieren, wobei diese wegen des notwendigen Einbaues der Dehnfugenprofile nicht direkt an den Ecken zu setzen sind.

Arbeitsfugen bei Kellerkonstruktionen als braune Wanne können analog zu den Fugenausführungen bei der weißen Wanne hergestellt werden, die Fehlerempfindlichkeit ist wegen der davor liegende Bentonitabdichtung stark reduziert. Zusätzlich werden eigene Systeme aus Bentonitquellfugenbändern angeboten.

Arbeitsfugenausbildungen unter bituminösen Abdichtungen bedürfen keiner gesonderten Vorkehrungen, da die elastisch-plastischen Materialeigenschaften geringfügige Bewegungen problemlos überbrücken. Ist mit Rissbildungen im Fugenbereich mit bis zu 10 mm zu rechnen, sind bei verklebten Abdichtungsbahnen durch rund 30 cm breite Unterlagsstreifen die Dehnungen über einen längeren Bereich zu verteilen und dadurch Spannungsspitzen abzumindern.

Bei bituminösen Spachtelmassen sind unterschiedlich „elastische" Produkte auf dem Markt. Die Rissdehnungen bei entsprechendem Materialauftrag liegen bei 200 bis 700 %. Deshalb können Arbeitsfugen ohne besondere Vorkehrung überspachtelt werden. Durch eingelegte Gewebebahnen werden geringe Bewegungen über einen längeren Bereich abgebaut. Fugen mit zu erwartenden Dehnungen bis zu 10 mm können mit einzuspachtelnden elastischen Fugenbändern überbrückt werden.

Dichtschlämmen auf mineralischer Basis sind nicht geeignet, auch nur kleine Rissbewegungen zu überbrücken. Sind die Schlämmen jedoch kunststoffmodifiziert, wächst die Rissaufnahmefähigkeit – Rissweiten von 0,25 mm können überbrückt werden.

Kunststoffmodifizierte Dichtschlämmen können Rissweiten von 0,25 mm überbrücken.

Bewegungsfugen

060|4|1|2

Bewegungsfugen trennen den gesamten Querschnitt und nehmen Verformungen während der Herstellung, Wärmedehnungen des Betons und (gegebenenfalls) wiederkehrende andere Formänderungen des erhärteten Bauteils sowie Setzungsunterschiede auf. Zum Einsatz kommen unterschiedliche Fugenbänder aus Kunststoffen, teilweise in Verbindung mit Stahleinbauteilen.

Fugen zur Aufnahme von Bewegungen sind so auszubilden bzw. anzuordnen, dass Bewegungen infolge äußerer oder innerer Kräfte keine Schäden an den angrenzenden Bauteilen hervorrufen können. Elastische Zwischenlagen sind deshalb schon bei der Herstellung einzulegen, und es ist auf eine beschädigungsfreie Beweglichkeit von Fugenprofilen durch die Ausbildung von Fugenkammern zu achten. Betonbauten mit großen Abmessungen, die zur Bildung von Rissen (durch Temperaturänderungen, Hydratationswärme,

Bewegungsfugen sind so auszubilden, dass Bewegungen keine Schäden an den angrenzenden Bauteilen hervorrufen können.

Schwinden, ungleiche Bodensetzungen) neigen, sind mit Bewegungsfugen zu teilen, wenn die Einwirkungen nicht anders aufgenommen werden können.

Tabelle 060|4-04: Fugenbandklassen – Dehnfugenbänder weiße Wanne [37]

Fugenband-klasse	Wasserdruck WS [m]	Material	Mindestbreite [cm]	Mindestdicke [mm]
1	0 – 5	PVC; PVC/NBR	24	4
		Elastomer	24	9
2	5 – 20	PVC; PVC/NBR	32	5
		Elastomer	32	12
		Elastomer/Fugenblech	32	10/1
3	über 20	PVC; PVC/NBR	50	6
		Elastomer	50	13
		Elastomer/Fugenblech	50	12/1

Tabelle 060|4-05: Innen liegende Dehnfugenbänder braune Wanne [36]

Wasserdruck WS [m]	Material	Mindestbreite [cm]	Mindestdicke [mm]
0 – 2,5	PVC; PVC/NBR	24	4
0 – 5	Elastomer	25	9
	PVC; PVC/NBR	32	5
0 – 10	Elastomer	30	10
	Elastomer FMS	35	10/1

Für die Bemessung ist die größte zu erwartende Gesamtverformung – bei Berücksichtigung aller Bewegungen in Bau- und Gebrauchszustand – zuzüglich der Ausgangsfugenweite maßgebend. Bewegungsfugen müssen in der Regel eine Nennfugenweite (in der Planung vorgesehen) von 20 mm aufweisen. Unter Beanspruchung sollte die Fugenweite nicht kleiner als 10 mm werden.

Abbildung 060|4-07: Außen liegende Fugenbänder – Bewegungsfugen Wände

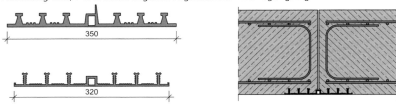

Abbildung 060|4-08: Innen liegende Fugenbänder – Bewegungsfugen Wände

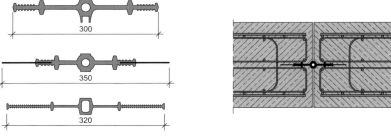

Bei Bauteilfugen mit zu erwartenden Bauteilsetzungen haben sich in vertikale Fugen eingelegte Bentonitplatten gemeinsam mit Quellbändern bewährt. Das sind Lösungen, die auch im Anschluss an bestehende Baukonstruktionen einen guten Abdichtungserfolg zeigen.

Bewegungsfugen bei bituminösen Abdichtungen bestehen bei geringeren Beanspruchungen aus zwischen die Abdichtungsbahnen geklebten

Verstärkungsstreifen aus hauptsächlich elastomeren Materialien mit Träger-einlagen aus Kunststoffvliesen oder Metallbändern.

Schlämmen und Beschichtungen selbst sind – wie auch bituminöse Bahnen – nicht geeignet, allein Bewegungsfugen zu überbrücken. Einzuspachtelnde Dichtbänder aus kunststoffmodifiziertem Bitumen (z. B. Bitumen-Kautschuk-Kombinationen mit Polyestergewebeinlagen) ergänzen jedoch die angebotenen Systeme und ermöglichen so auch, sich bewegende Fugen zu überbrücken, wobei ab 10 mm Fugendehnung die Ausführung von Schlaufen empfohlen wird. Bitumendichtbänder erfordern ausreichend feste, vorbehandelte Fugenränder.

Bei größeren Fugenbewegungen werden in die Abdichtungslagen eingeklebte oder angeflanschte Stahlkonstruktionen mit eingeklemmten Kunststoff-profilen, zumeist an den Bauteilflanken befestigt, eingesetzt. Diese Konstruktionen benötigen aber zusätzlichen Platz. ÖNORM B 3692 [70] unterscheidet zwei Fugentypen

Bei größeren Fugen-bewegungen werden in die Abdichtungs-lagen eingeklebte oder angeflanschte Stahlkonstruktionen mit eingeklemmten Kunststoffprofilen eingesetzt.

- Fugentyp I: für „übliche" Bewegungsgrößen und langsam ablaufende oder sich selten wiederholende Bewegungen mit folgenden maximalen Verformungswegen

  - Bewegungen unter 5 mm

  - durchlaufende Abdichtung ggf. mit einem Verstärkungsstreifen mit Einlage und Freistellung mit Schleppstreifen mind. 20 cm breit

  - Bewegungen über 5 bis 15 mm, Ausführung mit zwei Verstärkungs-streifen 33 und 50 cm

  - Bewegungen >15 mm, Ausführung mit Fugenbändern

- Fugentyp II: für schnell ablaufende oder sich häufig wiederholende Bewegungen – dann auch mit kleineren Amplituden oder Fugen im drückenden Wasser

  - Ausführung mit Sonderkonstruktionen

Tabelle 060|4-06: Fugenverstärkungen Fugentyp I – Bewegungsfugen

Bewegung [mm]	Schnitt durch die Abdichtung	Zulagen der Abdichtung	Fugenkammer
10 / 10 / 10		2 Schutzlagen: Glasvlieseinlage 2 Verstärkungslagen: CU-Riffelband 0,2 (30 cm breit)	keine
20 / 20 / 15		2 Schutzlagen: Glasvlieseinlage 2 Verstärkungslagen: CU-Riffelband 0,2 (50 cm breit)	10 cm breit 5-8 cm tief
30 / 30 / 20		2 Schutzlagen: Glasvlieseinlage 3 Verstärkungslagen: CU-Riffelband 0,2 (50 cm breit)	mit Blechstreifen (200/1 mm) zur Ver-hinderung des Aus-quetschens und mit Vergussmasse verfüllen
40 / 25		2 Schutzlagen: Glasvlieseinlage 4 Verstärkungslagen: CU-Riffelband 0,2 (50 cm breit)	dichtungsseitige Ecken der unteren Kammer abschrägen

Werden Fugenbänder direkt in die Abdichtungsbahnen eingeklebt, ist auf eine entsprechende Zugentlastung zu achten oder es sind mechanische Befestigungen vorzusehen. Die Einklebeflanschbreite muss 12 cm betragen.

Abbildung 060|4-09: Fugenbandtypen – Ausführungsmöglichkeiten

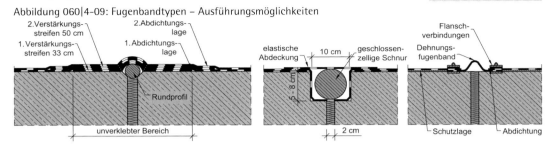

Fugenbandtyp I · Fugenbandtyp I · Fugenbandtyp II

Falls Bewegungsfugen von Druckwasser beansprucht werden, ist eine geeignete Fugenausbildung zu wählen bzw. die Ausbildung an die Lage der Abdichtung und die dort vorhandenen Verhältnisse anzupassen. Speziell bei stark wechselnden Beanspruchungen und größeren Dehnwegen ermüden die Abdichtungselemente und neigen dann zum Bruch. Hier sind Wartungsintervalle zu definieren und auf die Möglichkeit eines zerstörungsfreien Tausches zu achten.

Abbildung 060|4-10: Fugenausbildung Fugentyp II – Dehnungswelle [3]

Durchdringungen

Bei Durchdringungen durch Wandabdichtungen ist neben dem Gesichtspunkt der feuchtigkeits- bzw. wasserdichten Ausführung auch die Beweglichkeit der durchgeführten Rohrleitungen bzw. deren Beanspruchung durch Setzungsvorgänge des am Keller anliegenden Bodenkörpers zu betrachten. Aus diesem Grund sind Rohrdurchführungen durch Überschübe mit ausreichendem Ringspalt und elastischen Verfüllungen zu bevorzugen. Zusätzlich sollte der unmittelbar an der Außenwand anliegende Rohrteil mit leicht verformbaren (weichen) Materialien abgedeckt werden, um Beanspruchungen im Rohr über einen größeren Bereich abbauen zu können und die Belastung der Abdichtungsanbindung möglichst gering zu halten.

Auch für Durchdringungen von Bentonitabdichtungssystemen gibt es Systemlösungen. Analog zu den Arbeitsfugen werden Bentonitquellfugenbänder angeboten, die außen um die Rohrmuffen gestülpt werden und – gemeinsam mit dem in den Wannenbeton einbetonierten Dichtflansch – eine ausreichende Dichtigkeit gewähren. Bei der Verwendung von Spachtelmassen sind die

Anschlüsse an die Durchdringung mit Glasmatten oder Kunststofffaservliesen zu verstärken oder mit Kunststoffmanschetten auszuführen.

Abbildung 060|4-11: Rohrdurchführung weiße und braune Wanne

weiße Wanne   braune Wanne

Werden bituminöse Abdichtungsbahnen bei Beanspruchungen durch nicht drückendes Wasser durchdrungen, sind jedenfalls alle Anschlüsse mittels Manschetten und Schellen (mehrfach nachspannbar, Anpressflächen mindestens 25 mm breit) zu dichten und Klebe- oder Anschweißflansche herzustellen. Alle Teile müssen lagegesichert und mit Voranstrich versehen sein. Die Anschlussflächen für mit Bitumen verklebte Dichtungsbahnen müssen mindestens 12 cm breit sein und dürfen nicht aufgekantet werden (ausgenommen Kunststoffdichtungsbahnen). Abdichtungen sind in diesem Bereich erforderlichenfalls zu verstärken. Bei Abdichtungen aus lose verlegten Kunststoffdichtungsbahnen müssen Anschweißflansche mit mindestens 5 cm breiten Anschlussflächen verwendet werden.

Abbildung 060|4-12: Rohrdurchführung schwarze Wanne

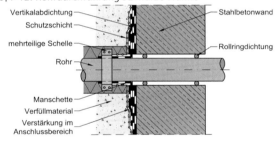

Tabelle 060|4-07: Abmessungen für Klemmschienen, Los- und Festflanschkonstruktionen – ÖNORM B 3692 [70]

Maße in mm	Art der Abmessung	Klemm-schienen	Los- und Festflanschkonstruktionen	
			nicht drückendes Wasser	drückendes Wasser
Klemmschienen	Breite	≥50	≥60	≥150
	Dicke	≥5	≥6	≥10
	Kantenabfasung	~1	~2	~2
Festflansch	Breite	–	≥70	≥160
	Dicke	–	≥6, ≥d_1	≥10, ≥d_1
Schraube bzw. Bolzen	Durchmesser	≥8	≥12	≥20
Schweißnaht bei Gewindebolzen	Breite s_1	–	2,0	2,5
	Höhe	–	3,2	5,0
Schraub- bzw. Bolzenlöcher	Durchmesser d_1	≥10	≥14	≥22
Erweiterung bei Gewindebolzen	Durchmesser		$d_1 + 2 \cdot s_1$	$d_1 + 2 \cdot s_1$
Abstand der Schrauben untereinander		150 – 250	75 – 150	75 – 150
Abstand der Bolzen vom Längsrand des Festflansches		–	≥24	≥30
Abstand der Schrauben vom Ende der Klemmschienen		≥75	≥75	≥75

Bei drückendem Wasser sind Anschlüsse mittels Einbauteilen mit Los- und Festflanschkonstruktionen auszuführen, die Ränder der Abdichtungsbahnen sind durch Einpressflanschringe zu verwahren. Teile der Festflanschkonstruktion sind oberflächenbündig zu versetzen, die der Abdichtung zugewandten Seiten der Stahlteile müssen frei von Graten sein. Die Schweißnähte der Los- und Festflanschkonstruktion müssen wasserdicht sein. Um das Ausquetschen der Bitumen-Abdichtungsbahnen zu verhindern, ist eine Stahlleiste anzuordnen.

Außen liegende Bauteile

060|4|3

In dem Maße, in dem Keller stärker für Wohnzwecke genutzt werden, steigt der Bedarf an Fenstern sowie Möglichkeiten direkt in den Garten zu gelangen. Idealerweise liegt der Keller dann im Hang oder in einer entsprechenden Geländemodellierung so situiert, dass das anschließende Niveau direkt zugänglich ist. Immer jedoch ist das nicht möglich, und so werden vor die Fenster gesetzte Schächte und umschlossene Stiegen als „Notlösung" hergestellt. Lichtschächte dienen aber auch der Belüftung von Kellerräumen – dann sind sie meist oberflächennah (typische Kellerfenster) und relativ klein (Bilder 060.4-25 bis 28).

Stehen Keller im Grundwasser, bilden außen liegende Bauteile oft unterschätzte Problempunkte. Große Schachtflächen sind kaum effektiv abzudecken, und einmal eingedrungenes Wasser ist schwierig abzuleiten. Deshalb sollten in diesen Fällen die gestellten Anforderungen genau überprüft und die notwendigen konstruktiven Lösungen frühzeitig betrachtet werden.

Stehen Keller im Grundwasser, bilden außen liegende Bauteile oft Problempunkte.

Lichtschächte

060|4|3|1

Wie bei allen außen liegenden Bauteilen ist auch bei Lichtschächten eine Ausführung im Bereich von druckwasserdichten Wannen zu überdenken. Falls jedoch die Ausführung notwendig ist, sind einige Punkte zu berücksichtigen.

Abbildung 060|4-13: Lichtschachtanschluss aus glasfaserverstärktem Polyester

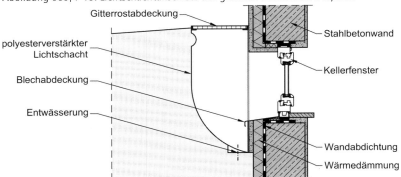

- Die dichte Hülle umfasst auch die Lichtschachkonstruktion.
- Abdichtungen müssen vollflächig um die Lichtschächte herumgeführt werden.
- Eindringende Oberflächenwässer können nicht in den Untergrund versickert werden und stauen sich im Schacht auf – Lichtschächte sind deshalb abzudecken, zu überdachen oder direkt an den Kanal anzubinden. Bei Anbindungen an den Kanal ist aber an die Möglichkeit eines Kanalüberstaus oder an Fremdwasserzutritt ins Kanalsystem und die daraus folgenden Konsequenzen zu denken (Achtung auf mögliche Geruchsbelästigung).

Um Lichtschächte müssen Abdichtungen vollflächig herumgeführt werden.

- Die Abdichtung an Schachtunterseiten ist oft fehlerhaft, da schwierig zu bearbeiten – idealerweise steht der Lichtschacht auf der auskragenden Fundamentplatte auf.
- Lichtschächte werden auch aus Dichtbeton mit Fugenbänder angeschlossen ausgeführt, eine Mischkonstruktion von schwarzer Wanne und Lichtschacht aus wasserdichtem Beton ist nicht empfehlenswert.

Abbildung 060|4-14: Lichtschachtanschluss bei schwarzer Wanne – Keller wärmegedämmt

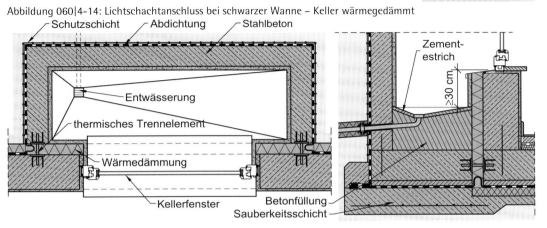

Abbildung 060|4-15: Lichtschachtanschluss bei schwarzer Wanne – Keller ungedämmt

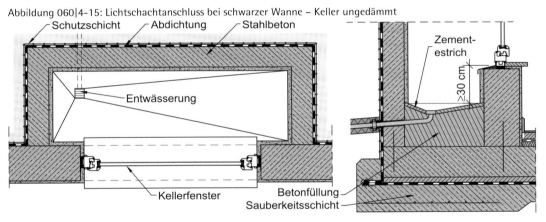

Kellerabgänge

060|4|3|2

Auch hier gilt, dass bei Ausführungen im Grundwasser zudringendes Oberflächenwasser nicht oder nur schwierig abzuleiten ist. Die Treppenabgänge sind deshalb unbedingt ausreichend zu überdachen – auf Schlagregenereignisse und Flugschnee ist Bedacht zu nehmen. Der Anschluss des Kellerabganges an die Bodenplatte und die Kellerwände ist so starr auszubilden, dass weder durch Gebäudesetzungen noch durch Auftriebskräfte auf den Kellerabgang Schäden und Verschiebungen entstehen können.

Bei Kellertreppen kann die Ausführung aus Dichtbeton auch bei einer bituminösen Abdichtung des Kellers sinnvoll sein, da der erforderliche Aufwand für eine druckwasserdichte Ausführung in bituminöser Ausführung den

Bei Kellertreppen kann die Ausführung aus Dichtbeton auch bei einer bituminösen Abdichtung des Kellers sinnvoll sein.

Mehraufwand der Abdichtungsverwahrung (im Übergang von der schwarzen Wanne zum Dichtbeton) voraussichtlich übersteigt.

Abbildung 060|4-16: Kelleraußentreppe – durchlaufende Sohlplatte, umlaufende Abdichtung, Innendämmung

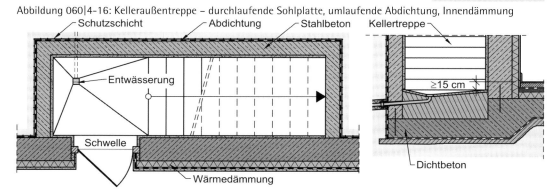

Innen liegendes Bewegungsfugenband
Bewegungsfuge – weiße Wanne

Bild 060|4-01
Bild 060|4-02

Fugenblech in Arbeitsfuge
Beschichtetes Fugenblech in Arbeitsfuge

Bild 060|4-03
Bild 060|4-04

Bewegungsfugenband
Arbeitsfugenband mit Streckmetallkorb
Fugenband mit Streckmetall als Abschalung

Bild 060|4-05
Bild 060|4-06
Bild 060|4-07

 Bild 060|4-08

 Bild 060|4-09

 Bild 060|4-10

Fugenbänder von dem Einbau
Verlegtes Arbeitsfugenband
Quellfugenband mit Befestigungsgitter

Bild 060|4-08
Bild 060|4-09
Bild 060|4-10

 Bild 060|4-11

 Bild 060|4-12

Mittig liegendes Bewegungsfugenband in Bodenplatte
Arbeitsfuge in Bodenplatte mit Lochblechabschalung und mittig liegendem Fugenband

Bild 060|4-11
Bild 060|4-12

 Bild 060|4-13

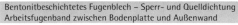

 Bild 060|4-14

Bentonitbeschichtetes Fugenblech – Sperr- und Quelldichtung
Arbeitsfugenband zwischen Bodenplatte und Außenwand

Bild 060|4-13
Bild 060|4-14

Bild 060|4-15

Bild 060|4-16

Fugenband mit Streckmetallkorb
Fugenband mit Streckmetallkorb – Detail

Bild 060|4-15
Bild 060|4-16

Bild 060|4-17

Bild 060|4-18

Bild 060|4-19

Injektionsschlauch verlegt und Quellfugenband
Quellfugenband mit zusätzlichem Injektionsschlauch
Lamellenrohr für Rohrdurchführung in die Schalung eingebaut

Bild 060|4-17
Bild 060|4-18
Bild 060|4-19

Bild 060|4-20

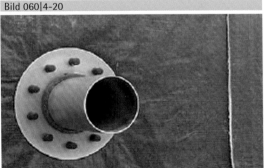

Bild 060|4-21

Rohrdurchführung mittels Futterrohr und Dichteinsatz
Rohrdurchführungen bei einer weißen Wanne

Bild 060|4-20
Bild 060|4-21

Bild 060|4-22

Bild 060|4-23

Eingebaute Rohrdurchführung mit Flansch
Ringraumdichtungen – Produkte

Bild 060|4-22
Bild 060|4-23

Bild 060|4-24

Bild 060|4-25

Bild 060|4-26

Rohrdurchführung – Innenbereich
Außen liegender Lüftungsschacht
Außen liegender Kellerabgang

Bild 060|4-24
Bild 060|4-25
Bild 060|4-26

Bild 060|4-27

Bild 060|4-28

Fertigteillichtschacht
Lichtschacht mit angeschlossener Abdichtung

Bild 060|4-27
Bild 060|4-28

Schutzräume

Auch ohne akute Bedrohungsszenarien sollten sich alle Bürger gegen mögliche technische und naturbedingte Gefährdungen schützen können. Diese Vorsorge muss auch ohne gesetzliche Verpflichtung ernst genommen werden. Zur Sicherstellung eines hinreichenden Schutzes ist der jeweiligen Bedrohungsart ein entsprechender Schutzumfang (Teilschutz, Grundschutz, erhöhter Schutz) zuzuordnen. Für bauliche Schutzeinrichtungen, wie Schutz- und Sicherheitsräume, ist in jeder Schutzklasse auch auf die Sicherstellung eines erträglichen Umfeldes, z. B. erträglicher Luftzustände im Schutzraum oder auf Mindestgrößen des dort vorhandenen „Lebensraumes", zu achten. Der Bau von Schutzräumen ist in Österreich gesetzlich nicht verpflichtend geregelt. Dennoch ist es sinnvoll, bei einer Entscheidung für die Errichtung eines Schutzoder Sicherheitsraumes diesen nach dem Stand der Technik zu planen, zu berechnen, auszuführen und einzurichten und damit die geltenden Regelwerke einzuhalten. Schutzraumbau als Kernbereich des Zivilschutzes in Österreich ist als eine Bauangelegenheit Länderkompetenz. Empfehlungen für den Schutzraumbau wurden dennoch ab 1967 als technische Richtlinien durch das jeweils zuständige Ministerium veröffentlicht und von den Landesregierungen weitgehend übernommen (Quelle: Zivilschutz in Österreich). Ebenso wurden einschlägige ÖNORMen herausgegeben. Zwischenzeitig hat sich die Einstellung zum Schutzraumbau etwas geändert. Es werden österreichweit nur 20 bis 25 Schutzräume jährlich errichtet. Die relevanten Normen wurden zurückgezogen, die Richtlinien sind nicht mehr gültig, sodass es derzeit in Österreich keine aktuelle technische Regelung zu diesem Thema gibt. Dennoch oder gerade deswegen sind die früheren Regelwerke durchaus interessant und werden im Folgenden zusammengefasst.

Der Bau von Schutzräumen ist in Österreich gesetzlich nicht verpflichtend geregelt.

Schutzraumbau als Kernbereich des Zivilschutzes ist Länderkompetenz.

Tabelle 060|5-01: Schutzräume – Richtlinien und Normen in Österreich

ÖNORMEN	
S 6001	Schutzräume – Begriffsbestimmungen [82]
S 6020	Schutzräume – Schutzraum-Ventilator-Aggregate – SVA – Normkennzeichnung [83]
S 6021	Schutzräume – Schutzraum-Überdruckventile (ÜV) – Anforderungen, Prüfung, Normkennzeichnung [84]
S 6022	Schutzräume – Schutzraum-Explosionsschutzventile (ESV) – Anforderungen, Prüfung, Normkennzeichnung [85]
S 6023	Schutzräume – Schutzraum-Überdruck-Explosionsschutzventile (ÜV-ESV) – Anforderungen, Prüfung, Normkennzeichnung [86]
S 6050	Schutzraumtüren GT [87]
S 6051	Schutzraumtüren DT [88]
S 6052	Schutzräume – Schutzraum-Notausstiegsklappen – NAKL – Anforderungen, Prüfung, Normkennzeichnung [89]
S 6053	Schutzräume – Schiebewände – Planung, Berechnung und Prüfungen [90]
S 6070	Ausstattung von Schutzräumen – Einrichtung, Geräte und Gebrauchsgegenstände [91]
S 6072	Einrichtung von Schutzräumen – Schockprüfung und Kriterien für schockgeprüfte Gegenstände zur Schutzraumausstattung [92]
S 6075	Einrichtung von Schutzräumen – Schutzraumliegen – Anforderungen, Prüfungen, Normkennzeichnung [93]
S 6076	Einrichtung von Schutzräumen – Schutzraumsitze – Anforderungen, Prüfungen, Normkennzeichnung [94]
S 6077	Einrichtung von Schutzräumen – Schutzraumtische – Anforderungen, Prüfungen, Normkennzeichnung [95]
S 6078	Einrichtung von Schutzräumen – Liege/Sitz-Kombinationen – Anforderungen, Prüfungen, Normkennzeichnung [96]
S 6090	Schutzraumkennzeichnung [97]
Technische Richtlinien – Bundesministerium für Wirtschaft und Arbeit	
Technische Richtlinien für Grundschutz in Neubauten [32]	
Technische Richtlinien für Grundschutz in bestehenden Gebäuden [31]	
Technische Richtlinien für Luftstoß-Schutzbauten [26]	
Technische Richtlinien für Schutzräume mittlerer Größe [33]	
Technische Richtlinien für Sammelschutzräume [27]	
Technische Richtlinien für die Anordnung mehrerer Schutzräume in einem Raumverband [30]	
Technische Richtlinien für die generelle Schutzraumplanung der Gemeinden [23]	
Technische Richtlinien für Filtersand (inkl. Zusatz zu den Technischen Richtlinien, 2002, und den Erläuterungen zum Zusatz, 2002) [25]	
Technische Richtlinien für die Wartung von Schutzräumen [24]	

Soweit im Folgenden von Schutzräumen die Rede ist, sind damit Grundschutzräume (Schutzräume des Typs Grundschutz mit bis zu 50 Schutzplätzen) gemeint. Für den Einbau von Schutzräumen des Typs Grundschutz (GSR) in Neubauten waren die „Technischen Richtlinien für Grundschutz in Neubauten" [32] anzuwenden. Den nachträglichen Einbau in bestehende Bauten regelten die „Technischen Richtlinien für Grundschutz in bestehenden Gebäuden" [31]. Schutzräume für einen höheren Schutzumfang oder für mehr als 50 Schutzplätze waren in den „Technischen Richtlinien für Luftstoß-Schutzbauten" [26], „Technischen Richtlinien für Schutzräume mittlerer Größe" [33], „Technischen Richtlinien für Sammelschutzräume" [27] und „Technischen Richtlinien für die Anordnung mehrerer Schutzräume in einem Raumverband" [30] eigens geregelt. Die nach den „Technischen Richtlinien für Grundschutz in Neubauten" [32] errichteten Schutzräume (GSR) bieten Schutz gegen:

- Wirkung chemischer und biologischer Schadstoffe
- Einwirkungen der bei Unfällen oder Explosionen auftretenden nuklearen Rückstandsstrahlung – es wird ein Schutzfaktor kleiner als 1/250 (= 0,004) erreicht
- Einsturz- und Trümmerwirkung von Gebäuden (Erdbeben, Nachbeben)
- Brandeinwirkungen und Wirkung brandstiftender Mittel
- Wirkung von Explosionen aller Art, wenn der Schutzraum außerhalb des unmittelbaren Wirkungsbereiches desselben liegt (Splitter- und Trümmerschutz)

Ein Schutzfaktor von 0,004 gegen nukleare Rückstandsstrahlung bedeutet, dass die Strahlenbelastung im Schutzraum bei geschlossener Schutzraumtür und bei Schutzlüftung im Vergleich zur Belastung im Freien in ungeschützter Position höchstens 1/250 = 0,004 = 4 ‰ beträgt. Zur Vermeidung einer größeren Nachbelastung nach Verlassen des Schutzraumes müssen Schutzräume für einen Daueraufenthalt bis zu zwei Wochen geeignet sein.

Planungsgrundlagen

Anzahl der Schutzplätze

Bei jedem Bauwerk sollte die Anzahl der Schutzplätze in einem sinnvollen Verhältnis zur Zweckwidmung des Gebäudes stehen und der im Regelfall anzunehmenden Zahl schutzsuchender Personen entsprechen. Eine Mindestanzahl von 8 bis 10 Schutzplätzen ist anzustreben, da einerseits eine bis zu 14-tägige Bedienung der Schutzraumeinrichtung bei weniger Personen problematisch sein kann, andererseits aber auch Schutzräume mit geringer Fläche für eine vorübergehende Fremdnutzung kaum rentabel sind.

Für Wohngebäude sind als Mindestanzahl folgende Schutzplätze in Rechnung zu stellen, wobei nach Addition halbe Schutzraumplätze aufzurunden sind:

Tabelle 060|5-02: Mindestanzahl von Schutzplätzen in Wohngebäuden

je 1-Zimmerwohnung	2,0 Schutzplätze
je 2-Zimmerwohnung	3,0 Schutzplätze
je 3-Zimmerwohnung	3,5 Schutzplätze
je 4-Zimmerwohnung	4,0 Schutzplätze
für jeden weiteren Aufenthaltsraum	1,0 Schutzplatz

Schulen, Heime, Beherbergungsbetriebe und sonstige Gebäude sind gesondert geregelt (z. B. Heime: Anzahl der Betten und das erfahrungsgemäß gleichzeitig über einen längeren Zeitraum anwesende Personal). Im Einzelfall darf ein geringerer Wert der Planung zugrunde gelegt werden, wenn ein wesentlich geringerer Bedarf an Schutzplätzen nachgewiesen wird.

Raumbedarf

060|5|1|2

Die Größe eines Schutzraumes ergibt sich aus der Anzahl der zu schaffenden Schutzplätze und der einem Schutzplatz zugeordneten Mindestwerte für die Bodenfläche, das Luftvolumen und die erdberührte Wandfläche, zuzüglich des Platzbedarfes für Klosett, Waschgelegenheit und Schutzlüfter bzw. für Vor- und Nebenräume in Abhängigkeit von der Anzahl der Schutzplätze.

Tabelle 060|5-03: Mindestwerte für den Raumbedarf

Raumbezeichnung	Raumbedarf
Aufenthaltsbereich	6,0 m²
Bodenfläche	1,0 m² pro Schutzplatz
Schutzlüfter	1,5 m²
WC oder Trockenabort [1]	1,0 m²
Waschgelegenheit [1]	1,0 m²

1) Ein WC oder Trockenabort und eine Waschgelegenheit ist für je 25 Schutzplätze vorzusehen. Bei kleinen Schutzräumen wie z. B. für Ein- oder Zweifamilienhäuser kann ein Trockenabort auch im Vorraum aufgestellt werden, wenn dieser nach Gestalt und Größe dafür geeignet ist.

Tabelle 060|5-04: Lichte Mindestabmessungen

Abmessung	Mindestmaß
Raumhöhe [1]	2,2 m
Durchgangshöhe [2]	2,0 m

1) Gilt für quaderförmige Schutzräume, wobei eine lichte Raumhöhe von 3 m grundsätzlich nicht überschritten werden sollte. In Ausnahmefällen (z. B. hoher Grundwasserspiegel) darf die lichte Raumhöhe auf 2 m reduziert werden.
2) Im Bereich der Schutzraumtür darf die lichte Durchgangshöhe auf 1,80 m reduziert werden.

Beispiel 060|5-01: Innenschutzraum bis 8 Personen mit Vorraum

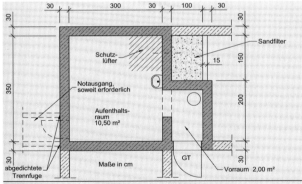

Platzbedarf:

8 Schutzplätze	8,00 m²
Schutzlüfter	1,50 m²
Waschplatz	1,00 m²
Aufenthaltsraum	10,50 m²
Trockenabort [1]	1,00 m²

1) Bei kleinen Schutzräumen darf ein Trockenabort auch im Vorraum aufgestellt werden.

Vorraum

Wird zwischen Schutzraumeingang und Aufenthaltsraum ein Vorraum ausgeführt, der gegebenenfalls auch zur Aufstellung eines Trockenaborts genutzt werden kann, ist darauf zu achten, dass aus Gründen des Strahlenschutzes der Schutzraumeingang und der Durchgang zum Aufenthaltsraum möglichst nicht gegenüberliegen.

Aus Gründen des Strahlenschutzes sollen der Schutzraumeingang und der Durchgang zum Aufenthaltsraum möglichst nicht gegenüberliegen.

Schleuse

Anstelle eines Vorraumes kann hinter dem Schutzraumeingang auch eine Schleuse angeordnet werden. Die Grundfläche der Schleuse muss mindestens 0,05 m² je Schutzplatz, mindestens aber 1,50 m² betragen. Aus Gründen des Strahlenschutzes sollten Schutzraumeingangstür und Schleusentür ebenfalls nicht gegenüberliegen.

Schutzräume können unter Beachtung der Mindestabmessungen grundsätzlich mit beliebigem Grundriss ausgeführt werden. Im Hinblick auf eine einfache und kostengünstige Bauführung sind jedoch nach Möglichkeit einfache Baukörper mit geringer Gliederung und ohne vorspringende Bauteile anzustreben, und bei rechteckiger Grundrissform sollte ein Seitenverhältnis von 2:1 nicht unterschritten werden. Weiters ist bei der Grundrissgestaltung auf die Grundmaße der Einrichtung Bedacht zu nehmen.

Schutzräume können unter Beachtung der Mindestabmessungen grundsätzlich mit beliebigem Grundriss ausgeführt werden.

Lage

Schutzräume können je nach ihrer Lage zum Gebäude als Innenschutzräume (Innenbauten) oder als Außenschutzräume (Außenbauten) hergestellt werden und müssen auf möglichst kurzem Weg von den in Betracht kommenden Wohn- oder sonstigen Aufenthaltsräumen erreichbar sein. Einer Situierung im „geschützten Kellerbereich" innerhalb von Gebäuden bzw. unter der Geländeoberfläche ist in jedem Fall der Vorzug zu geben, wobei ergänzend zu beachten ist, dass Schutzräume einen möglichst hohen Anteil an erdberührten Außenwandflächen haben sollten, um eine gute Wärmeableitung zu erreichen. Nur in Ausnahmefällen ist eine Anordnung auch außerhalb des „geschützten Kellerbereiches" (z. B. bei Gebäuden in Hanglagen, bei hohem Grundwasserspiegel) oder ganz oder teilweise über dem Gelände zulässig.

Schutzräume können je nach ihrer Lage zum Gebäude als Innenschutzräume oder als Außenschutzräume hergestellt werden

Abbildung 060|5-01: Lage von Schutzräumen des Typs Grundschutz

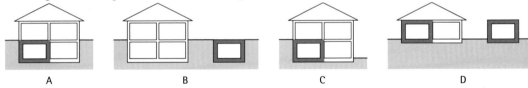

| A | B | C | D |

A. im geschützten Kellerbereich
B. im Freien unter der Geländeoberfläche
C. im ungeschützten Kellerbereich
D. im Erdgeschoß bzw. im Freien über der Geländeoberfläche

Der „geschützte Kellerbereich" ist jene Zone, die unterhalb des angrenzenden Geländes liegt (Schutzraumdeckenoberkante nach Möglichkeit nicht höher als das angrenzende Terrain) und die gegen direkte Einstrahlungen über Kellerfenster, Garagentore oder Treppenabgänge gut abgeschirmt ist.

Schutzräume dürfen grundsätzlich nicht im Bereich des Grundwassers angelegt werden. In zwingenden Ausnahmefällen darf der Schutzraumboden (Fußbodenoberkante) höchstens bis zu 0,5 m unter dem örtlich höchsten Grundwasserspiegel liegen. Von gefahrdrohenden Anlagen müssen Schutzräume so weit entfernt angeordnet oder gegen die davon ausgehenden möglichen Gefahren so abgesichert sein, dass die Schutzrauminsassen im Störfall nicht gefährdet werden. Als gefahrdrohende Anlagen gelten insbesondere Einrichtungen, deren Nutzung mit Brand- und Explosionsgefahren verbunden sein kann – im Wohnhausbau in erster Linie Brennstofflager und Heizöllagerräume – und Anlagen, bei denen giftige Gase oder Dämpfe entstehen können. In Gebäuden mit Lagerbehältern für brennbare Flüssigkeiten der Gefahrenklasse I (z. B. Benzin) oder II (z. B. Petroleum) dürfen

Schutzräume dürfen grundsätzlich nicht im Bereich des Grundwassers angelegt werden.

grundsätzlich keine Schutzräume untergebracht werden. Im Bereich von Flüssiggaslagern ist auf die erforderlichen Schutzzonen und Kriechwege Bedacht zu nehmen.

Sofern aufgrund der örtlichen Gegebenheiten keine besonderen Maßnahmen erforderlich sind, kommen als ausreichende Vorkehrungen weitere Kellerräume oder Gangbereiche, die zwischen Räumen mit gefahrdrohenden Anlagen (z. B. Heizöllagerraum) und dem Schutzraum liegen, in Betracht.

Eingang, Notausgang

060|5|1|4

Schutzräume dürfen nur einen Eingang besitzen. Ein direkter Zugang vom Freien sollte nach Möglichkeit vermieden werden, anderenfalls muss der vom Freien zum Schutzraumeingang führende Weg mindestens zweimal um 90° abgewinkelt sein, um ein Höchstmaß an Strahlen-, Splitter- und Brandschutz zu erreichen. Bei beengten räumlichen Verhältnissen kann anstelle einer Abwinkelung auch eine Schutzraumtür mit einem mindestens 20 cm dicken Stahlbetontürblatt vorgesehen werden. Bei Außenschutzräumen muss der Zugang entweder direkt vom Gebäude aus möglich sein oder außerhalb von Trümmerbereichen liegen. Liegt der Eingang nicht im „geschützten Bereich", sollte zwischen dem Eingang und dem Aufenthaltsraum ein Vorraum oder eine Schleuse angeordnet werden.

Schutzräume dürfen nur einen Eingang besitzen.

Der Trümmerbereich eines Gebäudes umfasst bei Vollwandbauweise jene Fläche, die sich aus den horizontalen Bauwerksabmessungen, vergrößert an jeder Seite um das Maß der halben Gebäudehöhe, ergibt. Die Höhe beträgt ein Viertel der Gebäudehöhe. Bei Skelettbauweise mit Ausfachung beträgt der horizontale Abstand der Begrenzung des Trümmerbereiches nur ein Viertel der Gebäudehöhe.

Abbildung 060|5-02: Anordnung und Mindestabmessungen von Notausgängen

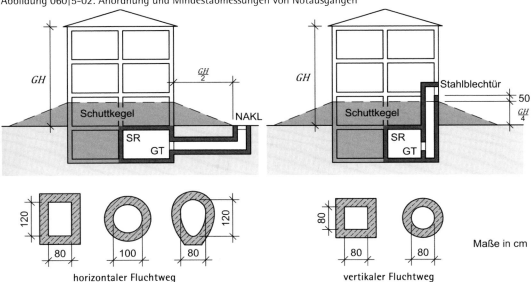

horizontaler Fluchtweg   vertikaler Fluchtweg

Maße in cm

Jeder Schutzraum sollte einen Notausgang ins Freie besitzen. Ein Notausgang ist jedenfalls für Schutzräume mit mehr als 25 Schutzplätzen und für Schutzräume in Gebäuden mit mehr als zwei Geschoßen in Massivbauweise über dem Schutzraum zwingend vorzusehen. Zwischen dem Schutzraum und dem Notausstieg ins Freie ist der Fluchtweg so abzuwinkeln, dass die Strahlung mindestens zweimal gestreut wird, bevor sie die Schutzraumtür erreicht. Bei beengten Verhältnissen kann anstelle einer Abwinkelung eine schockgesicherte Abschirmmasse (Schutzklasse S1; Schutzraumtür mit mindestens 20 cm dickem massivem Stahlbetontürblatt oder Betonsteine mit mindestens 600 kg/m² Ansichtsfläche) vorgesehen werden.

Abbildung 060|5-03: Anordnung von Notausgängen [32]

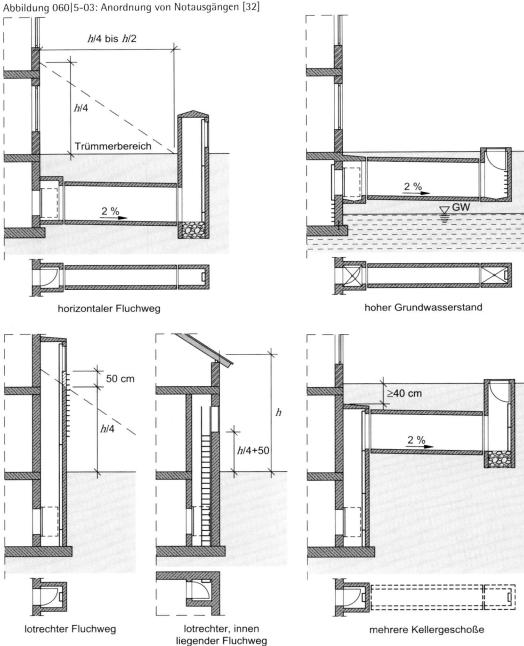

horizontaler Fluchweg

hoher Grundwasserstand

lotrechter Fluchweg

lotrechter, innen liegender Fluchweg

mehrere Kellergeschoße

Der Notausgang soll möglichst weit vom Schutzraumeingang entfernt liegen, muss außerhalb von Trümmerbereichen enden und muss jedenfalls über dem örtlich höchsten Grundwasserspiegel liegen. Er sollte nach Möglichkeit als horizontaler Fluchtweg mit einem Gefälle von mindestens 2 % zum Ausstiegsschacht ausgeführt werden. Kann bei horizontalen oder geneigten Fluchtwegen kein Ausstieg außerhalb von Trümmerbereichen geschaffen werden, so ist ein lotrechter Fluchtweg herzustellen.

Der Notausgang soll möglichst weit vom Schutzraumeingang entfernt liegen, außerhalb von Trümmerbereichen enden und über dem örtlich höchsten Grundwasserspiegel liegen.

Ist die Herstellung von horizontalen oder vertikalen Fluchtwegen aufgrund der örtlichen Gegebenheiten nicht oder nur mit sehr großem Aufwand möglich (z. B. geschlossene Bebauungsweise, Grundstücksgrenze), so sind zumindest innere Rettungswege mit trümmersicherer Decke und Mauerdurchbruchstellen zu Kellern benachbarter Gebäude vorzusehen. Der Öffnungsquerschnitt der Mauer- bzw. Brandwanddurchbrüche soll mindestens 60 × 80 cm betragen, wobei die Unterkante der Durchbruchstellen ca. 50 cm über dem Kellerfußboden anzuordnen ist. Die Durchbruchstellen sind mit 25 cm dickem Hochlochziegelmauerwerk mit Kalkmörtel auszumauern. Zum leichteren Auffinden der Stellen sind entsprechende Markierungen anzubringen oder der Wandverputz an dieser Stelle auszusparen. Soweit aus baurechtlicher Sicht Öffnungen in äußeren Brandwänden zulässig sind, können solche auch mit feuerbeständigen Abschlüssen ausgeführt werden.

Baustoffe und Konstruktion 060|5|2

Die Umfassungsbauteile eines Schutzraumes sind als Stahlbetonmassivbauteile in Ortbeton- oder Fertigteilbauweise herzustellen. Der Beton muss mindestens der Festigkeitsklasse C16/20 (empfohlen C20/25 oder höher) nach ÖNORM B 4710-1 [72] entsprechen und eine Mindestdichte von 2200 kg/m³ aufweisen.

Die Umfassungsbauteile eines Schutzraumes sind als Stahlbetonmassivbauteile in Ortbeton- oder Fertigteilbauweise herzustellen.

Die Umfassungswände und die Decke sind kreuzweise zu bewehren, wobei für die konstruktive Durchbildung der Bewehrungsführung die Bewehrungsregeln einer Rahmeneckbewehrung anzuwenden sind. Der Abstand der einzelnen Bewehrungsstäbe darf an der Schutzrauminnenseite höchstens 15 cm betragen. Für die Umfassungswände und den Schutzraumboden ist zur Gewährleistung einer möglichst guten Wärmeableitung die Anordnung einer Wärmedämmung unzulässig.

Bemessung 060|5|2|1

Abbildung 060|5-04: Trümmerlast p_v bei Gebäuden in Massivbauweise mit höchstens zwei Vollgeschoßen [32]

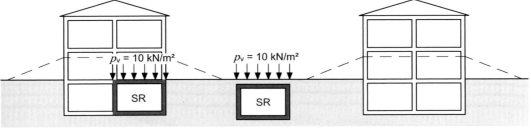

innerhalb des Trümmerbereichs   außerhalb des Trümmerbereichs

Für die Bemessung der Umfassungsbauteile, der Decke über dem Sandfilter und vor dem Schutzraumeingang (mindestens bis 1,5 m vor der Schutzraumtür), der tragenden Bauteile und der Fluchtwege sind zusätzlich zum Eigengewicht sowie

sonstigen dauernd wirkenden Lasten (z. B. Erddruck, Wasserdruck) nach-folgende Belastungen als statische Ersatzlasten anzunehmen, wobei eine mögliche spätere Bebauung dabei zu berücksichtigen ist und in Massivbauweise ausgebaute Dachgeschoße als Vollgeschoße zählen. Eine Belastung der Schutzraumdecke durch größere Einzellasten aus den darüber liegenden Gebäudeteilen ist möglichst zu vermeiden.

Tabelle 060|5-05: Ersatz- und Trümmerlasten für Schutzräume [32]

Schutzraumdecken [1]	
p_v = 10,0 kN/m²	außerhalb des Trümmerbereiches von Gebäuden und im Trümmerbereich von Gebäuden mit bis zu zwei Vollgeschoßen
p_v = 15,0 kN/m² bis p_v = 50,0 kN/m²	im Trümmerbereich von Gebäuden in massiver Bauweise (z. B. Mauerwerksbau) mit drei Vollgeschoßen, für jedes weitere Vollgeschoß sind zusätzlich 5,0 kN/m² anzunehmen, jedoch nicht mehr als insgesamt 50 kN/m²
p_v = 12,5 kN/m² bis p_v = 30,0 kN/m²	im Trümmerbereich von Gebäuden in Skelettbauweise (z. B. Stahlbetonskelett, feuerbeständig geschütztes Stahlskelett) mit drei Vollgeschoßen; für jedes weitere Vollgeschoß sind zusätzlich 2,5 kN/m² anzunehmen, jedoch nicht mehr als insgesamt 30 kN/m²
Schutzraumumfassungswände	
p_h = 10 kN/m²	Die Ersatzlasten p_v und p_h sind nicht gleichzeitig einwirkend anzunehmen.
lotrechte Fluchtwege	
p_h = 25 kN/m²	als horizontale, gleichmäßig verteilte Ersatzlast

1) Die Trümmerlasten für Schutzraumdecken bleiben unberücksichtigt, wenn die für die normale Bemessung angenommene und in der Berechnung berücksichtigte Nutzlast größer ist.

Umfassungswände, Decken

060|5|2|2

Für die Schutzraumumfassungswände von Innen- und Außenschutzräumen ist eine Mindestwanddicke von 30 cm einzuhalten. Liegt die Schutzraum-deckenunterkante über dem anschließenden Geländeniveau, so ist die Wanddicke der Außenwand bis mindestens 60 cm unter das angrenzende Niveau auf 60 cm zu verstärken. Anstelle einer örtlichen Verstärkung ist auch eine entsprechende Erdanschüttung (mindestens 1,20 m dick, Böschungs-neigung maximal 2:3) zulässig. Für Außenschutzräume, deren Umfassungs-bauteile so gestaltet werden, dass sie eine besonders günstige Lastabtragung aufweisen (z. B. Kugelform), ist eine allseitige Wanddicke von mindestens 8 cm zulässig, wenn sie eine Erdüberdeckung von mindestens 1 m erhalten.

Als Grundlage für die Dimensionierung der Bauteile sind im Schutzraumbau aber nicht nur statische Überlegungen erforderlich, sondern auch Belange des Strahlenschutzes zu beachten. Der Strahlenschutzfaktor von 1/250 (= 0,004) gilt ohne weitere Nachweise dann als gegeben, wenn:

- bei Innenschutzräumen
  - für die Umfassungswände des Schutzraumes einschließlich allfälliger vorgelagerter Bauteile (z. B. Kellerwände) und Erdanschüttungen aus jeder möglichen Einstrahlungsrichtung vom Freien in den Schutzraum als Abschirmung – in gerader Linie – mindestens 60 cm Beton (1440 kg/m³) wirksam werden, wobei Bauteile aus anderen Baustoffen und Erdanschüttungen entsprechend ihrer Dichte berücksichtigt werden dürfen und anrechenbare Anschüttungen mindestens bis zur Schutzraumdeckenunterkante reichen, mindestens 1,20 m dick und standfest sind (Böschungsneigung maximal 2:3),
  - die Schutzraumdeckenunterkante nicht über dem angrenzenden Terrain liegt und

Für die Schutzraum-umfassungswände von Innen- und Außenschutzräumen ist eine Mindestwand-dicke von 30 cm einzuhalten.

- die Schutzraumdecke (ohne Dämmschichte und Betonestrich) in Abhängigkeit von Anzahl und Bauweise (MD, HD) der darüber liegenden Geschoßdecken mit einer Mindestdicke gemäß Abbildung 060|5-05 als Stahlbetondecke ausgeführt wird.

- bei Außenschutzräumen

  - die Umfassungswände mindestens 30 cm dick sind und, sofern sie über die Geländeoberfläche reichen, mit Erde in einer Mindestdicke von 1,20 m standfest angeböscht werden (Böschungsneigung maximal 2:3) und

  - die Schutzraumdecke in Abhängigkeit von der Dicke der Erdüberdeckung mit einer Mindestdicke gemäß Abbildung 060|5-07 ausgeführt wird.

  - Zur Erreichung des erforderlichen Strahlenschutzes dürfen kleine Wandöffnungen in anderen Wänden als den Umfassungswänden des Schutzraumes (z. B. Kellerfenster) im Ernstfall mit Betonformsteinen verschlichtet werden.

Abbildung 060|5-05: Innenschutzräume – Mindestdicke der Schutzraumdecke (ohne Dämmschicht und Betonestrich)

Holzdecken (HD)   Massivdecken (MD)

Abbildung 060|5-06: Innenschutzräume – Mindestdicke der Schutzraumaußenwände

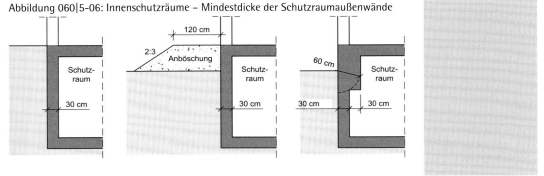

Abbildung 060|5-07: Außenschutzräume – Mindestdicke der Schutzraumaußenwände und der Schutzraumdecke

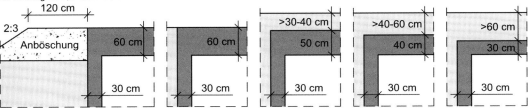

Bezüglich des Fußbodenaufbaues in den unmittelbar über dem Schutzraum liegenden Räumen können in bestimmten Fällen landesrechtliche Vorschriften geltend werden.

Für abweichende oder andere Ausführungen ist der geforderte Strahlenschutz durch eine Strahlenschutzberechnung oder -bemessung nachzuweisen. Beispiele für die Abschätzung des Strahlenschutzfaktors enthält der Anhang der „Technischen Richtlinien für Grundschutz in Neubauten" [32].

Innenwände

060|5|2|3

Tragende und aussteifende Innenwände in Schutzräumen sowie die Wand zwischen Schleuse und Aufenthaltsraum sind wie die Umfassungsbauteile aus Stahlbeton zu errichten und mit diesen biegesteif und zugfest zu verbinden. Die Wanddicke hat mindestens 25 cm zu betragen. Stützen oder Säulen sollten vermieden werden. Sonstige Innenwände (z. B. nichttragende Leichttrenn-wände) zur Unterteilung des Schutzraumes müssen grundsätzlich so beschaffen sein, dass bei Erschütterungen deren Standsicherheit erhalten bleibt und keine Staubentwicklung auftreten kann. Sie müssen schocksicher (Schutzklasse S1) und für Feuchträume geeignet sein und aus Baustoffen bestehen, deren Verhalten im Brandfall nicht ungünstiger als schwerbrennbar, normalqualmend und nichttropfend ist, wobei die verwendeten Materialien bis 60 °C keine Stoffe abgeben dürfen, deren Wirkung einen weiteren Aufenthalt im Schutzraum beeinträchtigt. Die Verwendung von Natursteinmauerwerk, Ziegelmauerwerk oder Ähnlichem ist unzulässig.

Tragende und aussteifende Innenwände sind aus mindestens 25 cm dicken Stahlbeton-wänden zu errichten.

Schutzraumboden

060|5|2|4

Im Normalfall muss der Schutzraumfußboden keinen besonderen statischen Anforderungen entsprechen. Er muss dicht und leicht zu reinigen sein und wird in der Regel als oberflächenversiegelter Betonestrich auf einem Unterbeton oder einer Fundamentplatte ausgeführt. Zur Gewährleistung einer möglichst guten Wärmeableitung darf der Schutzraumboden keine Wärmedämmung erhalten.

Trenn- und Arbeitsfugen

060|5|2|5

Trennfugen wie Dehn- und Setzungsfugen dürfen in Schutzräumen keinesfalls ausgeführt werden. Arbeitsfugen sollten möglichst vermieden werden. Soweit baupraktische Gründe Betonier- bzw. Arbeitsfugen unbedingt notwendig machen, sind diese mit Verzahnung und einem ausreichend festen und dichten Verbund der Betonschichten entsprechend den „Empfehlungen zur Ausbildung von Arbeitsfugen beim Bau von Schutzräumen" [22] auszuführen. Notausgänge mit horizontalen oder geneigten Fluchtwegen müssen von Schutzräumen jedenfalls durch eine abgedichtete Fuge getrennt ausgeführt werden.

Trennfugen wie Dehn- und Setzungsfugen dürfen in Schutz-räumen keinesfalls ausgeführt werden.

Zur Sicherstellung der Gasdichtheit und des Strahlenschutzes sind im Allgemeinen nur solche Schalungssysteme zu verwenden, bei denen nach dem Ausschalen der Wände keine durchgehenden Löcher („Rödelöffnungen") und Rohre im Beton verbleiben. Gegebenenfalls müssen verbleibende Öffnungen auf die volle Tiefe mit einem schwindfreien Zementmörtel gasdicht verschlossen werden.

Abschlüsse

Zur Sicherung von Schutzräumen sind für Eingänge, Notausgänge und Wand-durchführungen geeignete Abschlüsse einzubauen. Ausführung, Einbau, Prüfung und Kennzeichnung dieser Bauteile waren früher in den ÖNORMEN S 6050 [87] und S 6052 [89] geregelt. Der Einbau der Abschlüsse hat grund-sätzlich anhand der vom Hersteller beizugebenden Anleitung zu erfolgen.

Für Eingänge, Notaus-gänge und Wand-durchführungen sind geeignete Abschlüsse einzubauen.

Schutzraumtüren (GT)

Die Schutzraumeingangstür, die Notausgangstür sowie die Tür zwischen Aufenthaltsraum und Schleuse müssen den Anforderungen an eine gasdichte Schutzraumtür (GT), definiert in der nunmehr zurückgezogenen ÖNORM S 6050 [87], entsprechen. Die Schutzraumeingangstür und die Notausgangstür müssen nach außen aufschlagen, die Tür zwischen Aufenthaltsraum und Schleuse in die Schleuse. Schutzraumtüren sind ein-flügelige Drehflügeltüren – bestehend aus Türzarge, Türblatt, Beschlägen, Dichtungen sowie einer Aushebevorrichtung oder Aufdrückvorrichtung –, die dazu bestimmt sind, einen gasdichten und feuerbeständigen Abschluss von Schutzräumen des Typs Grundschutz (GSR) zu bilden.

Das Türblatt muss mechanisch widerstandsfähig, gasdicht und feuerbeständig sein. Es muss mit Ausnahme der Dichtungen aus nichtbrennbaren Werkstoffen bestehen, von innen aushebbar oder aufdrückbar und für eine flächenbezogene Ersatzlast von 20 kN/m² bemessen sein. Die Dicke von tragenden Stahlteilen muss mindestens 1,5 mm betragen. Türblätter aus Stahlbeton müssen mindestens 100 mm dick sein. Für die Zargenlichten von Schutzraumtüren bestehen folgende genormte Abmessungen, wobei in die Zargenlichte hineinragende Teile diese um nicht mehr als 25 mm verringern dürfen:

Tabelle 060|5-06: Zargenlichten von Schutzraumtüren

Breite	Höhe	Anmerkung
600 mm	800 mm	Regelgröße für Notausgangstüren
825 mm	1800 mm	
1000 mm	2050 mm	selten verwendet
1200 mm	2050 mm	
1400 mm	2200 mm	selten verwendet

Schutzraumtüren sind kraftschlüssig und gasdicht einzubauen. Dabei müssen Türblatt und Zarge im geschlossenen Zustand in die Schalung gesetzt werden. Da die Schutzraumeingangstür im Bedarfsfall von innen auch aushebbar sein muss, sollte darauf geachtet werden, dass sie nach dem Ausheben auch zur Seite geschoben werden kann.

Die Schutzraumein-gangstür muss im Bedarfsfall auch von innen aushebbar sein.

Waagrechte Notausstiegsklappen (NAKL)

Notausstiegsklappen sollten den Anforderungen gemäß ÖNORM S 6052 [89] entsprechen. Sie bestehen aus Klappenzarge, Klappenblatt, Beschlägen, Dichtungen sowie einer Öffnungs- und Schließvorrichtung und sind dazu bestimmt, einen wasserdichten und belastbaren mechanischen Abschluss von Notausgängen eines Schutzraumes zu bilden. Die Klappe muss nach innen aufgehen und ohne Gefährdung durch herabfallende Trümmer von innen geöffnet werden können sowie gegen unbefugtes Öffnen von außen gesichert sein. Für ein gefahrloses Öffnen der Klappe muss die Armatur außerhalb des Schachtbereiches angeordnet werden. Die genormten

Die Notausstiegs-klappe muss nach innen aufgehen und gegen unbefugtes Öffnen von außen gesichert sein.

Abmessungen der Zargenlichte betragen 60 × 60 cm. Diese darf durch keine Teile verringert werden.

Senkrechte Abschlüsse von vertikalen Fluchtwegen

Bei vertikalen Fluchtwegen sind senkrechte Abschlüsse für Notausstiege ins Freie zumindest als Stahlblechtüren (mindestens 60 × 80 cm) auszuführen, die von innen versperrbar sein müssen.

Lüftung

060|5|3

Schutzräume dürfen keine Fensteröffnungen haben und müssen so ausgestattet sein, dass das Eindringen von verstrahlter, vergifteter oder verseuchter Außenluft in das Innere verhindert wird. Sie müssen neben den Einrichtungen für natürliche Lüftung auch mit einer Schutzlüftung versehen sein. Alle durch die Umfassungswände eines Schutzraumes geführten Lüftungsleitungen müssen mit Absperreinrichtungen versehen werden, für die Fortluftleitung der Schutzluft ist ein entsprechendes Überdruckventil, beschrieben in ÖNORM S 6021 [84], vorzusehen, das den im Schutzraum erforderlichen Überdruck von 50 Pa gegenüber der Atmosphäre konstant hält. Die Lüftungsrohre müssen aus Stahl mit einer Mindestwanddicke von 3 mm bestehen und zumindest an allen nicht vom Beton überdeckten Oberflächen dauerhaft gegen Korrosion geschützt sein (z. B. durch Feuerverzinken).

Schutzräume müssen mit Einrichtungen für natürliche Lüftung und mit einer Schutzlüftung versehen sein.

Die Lüftungsleitungen sind an der Schutzraumaußenseite gegen das Eindringen von Fremdkörpern und Kleintieren mit Schutzgittern auszustatten. Über Niveau ins Freie führende Lüftungsleitungen sind mit einer vergitterten Splitterschutzkappe und gegen Eindringen von Niederschlagswasser abzusichern.

Abbildung 060|5-08: Schutzraumaußenwände – Rohrdurchführungen [32]

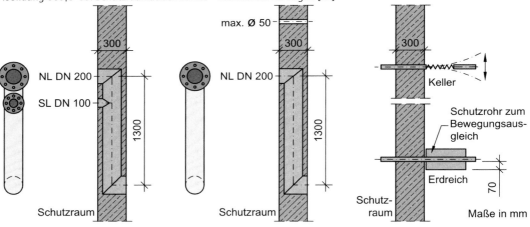

Natürliche Lüftung

060|5|3|1

Die natürliche Lüftung (Lüftung ohne Schutzraumbelegung) dient der Durchlüftung des Schutzraumes ohne mechanische Hilfsmittel zur Vermeidung von Feuchtigkeitsansammlungen und -schäden im Schutzraum. Für die natürliche Lüftung sind Lüftungsrohre mit 2-facher Abwinkelung in den Umfassungswänden fachgerecht und gasdicht einzubetonieren. Der Achsabstand der beiden Abwinkelungen muss so lang sein, dass keine geradlinige Verbindung durch diese möglich ist, mindestens jedoch drei Innendurchmesser bzw. zumindest 40 cm. Für Schutzräume mit bis zu 25 Schutzplätzen sind je ein Rohr mit DN 200, für Schutzräume mit 26 bis 50 Schutzplätzen je zwei Rohre mit DN 200 für die natürliche Zu- und Abluft vorzusehen. Die Zu- und Abluftrohre müssen durch händisch zu betätigende gasdichte Klappen oder Ventile von innen abgeschlossen werden können, die auch bei Überdruck von außen einen gasdichten Abschluss gewährleisten. Die Belüftungsöffnungen sind in Fußbodennähe etwa 40 cm über Fuß-bodenoberkante, die Entlüftungsöffnungen in Deckennähe etwa 40 cm unter Deckenunterkante so anzuordnen, dass eine raumdiagonale Durchlüftung des Schutzraumes erzielbar ist. Eine Öffnung sollte nach Möglichkeit direkt ins Freie führen.

Zu- und Abluftrohre müssen mit händisch zu betätigenden gasdichten Klappen oder Ventilen von innen abgeschlossen werden können.

Zur natürlichen Lüftung können auch die Schutzraumtüre und/oder der Notausgang herangezogen werden, wenn durch deren Anordnung eine gute Durchlüftung des Schutzraumes erzielt wird, eine der Öffnungen ins Freie führt und die Tür im geöffneten Zustand eine Feststelleinrichtung besitzt. Bei Vorliegen dieser Voraussetzungen können Lüftungsrohre entfallen.

Normalluft

060|5|3|2

Bei Schutzräumen mit mehr als 25 Schutzplätzen ist zur Verbesserung der natürlichen Lüftung bei Schutzraumbelegung unter den Bedingungen einer nicht verunreinigten Außenluft zusätzlich eine mechanische Lüftung mit einer Leistung von mindestens 6 m³ je Schutzplatz und Stunde erforderlich. Die Ansaugung der Außen- bzw. Normalluft (NL) hat dabei unter Umgehung des Sandfilters zu erfolgen und sollte nach Möglichkeit nicht aus dem Sandfilterraum entnommen werden. Ist eine Entnahme aus dem Sandfilterraum nicht vermeidbar, dann muss jedenfalls ein Abstand von mindestens 50 cm zur Sandfilteroberkante eingehalten werden.

Bei Schutzräumen mit mehr als 25 Schutz-plätzen ist zusätzlich eine mechanische Lüftung erforderlich.

Schutzluft

060|5|3|3

Die Schutzluft (SL) dient bei Schutzraumbelegung und gesundheits-gefährdender Außenluft der Luftversorgung der Schutzrauminsassen mit Atemluft, indem die Außenluft durch einen Sandfilter gereinigt wird. Während des Betriebes müssen alle Klappen und Ventile der natürlichen Lüftung und Normalluft im Schutzraum gasdicht abgeschlossen sein.

Für die Schutzluft wird gesundheits-gefährdende Außenluft durch einen Sandfilter gereinigt.

Die Schutzlüftungsanlage ist für eine raumdiagonale Luftströmung im Schutzraum auszulegen und muss je Schutzplatz und Stunde die Zufuhr von mindestens 3 m³ gefilterter Außenluft sicherstellen. Außerdem muss zumindest ein einfacher Luftwechsel pro Stunde im Schutzraum gewährleistet werden. Die bauliche Vorsorge für die Schutzlüftung umfasst den Filterraum (bzw. Filterkammer) samt Entwässerung, die Schutzluftleitung (diese verbindet den Schutzraum mit dem Sandfilter) und die Fortluftleitung.

Filterraum

Der Filterraum für den Sandfilter ist als Betonkasten mit einer entsprechenden Einbringöffnung – über die der Filterraum auch kontrollierbar ist – auszubilden und möglichst innerhalb des Kellers, jedenfalls aber unter der Geländeoberfläche anzuordnen. Wände, Decken und Sohle, die nicht zu den Schutzraumumfassungsbauteilen zählen, sind mindestens 15 cm dick aus Stahlbeton auszuführen und mit den

Umfassungsbauteilen des Schutzraumes biegesteif und zugfest zu verbinden. Die Wand zwischen Filterraum und Schutzraum muss mindestens 30 cm dick sein. Soweit diese Wand im Bereich der Filteroberfläche (30 cm unter bis 50 cm über der Filteroberfläche) durch luftführende Leitungen geschwächt wird, ist sie um den maximalen Innendurchmesser dieser Leitung zu verstärken. Die Decke über dem Filterraum ist aus Stahlbeton trümmersicher auszubilden.

Die Bemessung der Größe des Filterraumes erfolgt nach der erforderlichen Filtersandmenge. Dabei ist zu beachten, dass die Schütthöhe der Hauptfiltersandschicht 1 m zu betragen hat und der Freiraum über der Filtersandschüttung 60 cm nicht unterschreiten sollte. Für Schutzräume mit nicht mehr als 15 Schutzplätzen und einem Raumvolumen bis 45 m³ ergibt sich bei einer Regelbreite und Filtersandschütthöhe von 1 m bei einem erforderlichen Filtersandvolumen von 1,5 m³ eine Bodenfläche für den Filterraum von 1,5 m² (= 1,0 × 1,5 m).

Die Größe des Filterraumes richtet sich nach der erforderlichen Sandfiltergröße oder Filtersandmenge.

Abbildung 060|5-09: Sandfilter mit im Keller situiertem Filterraum

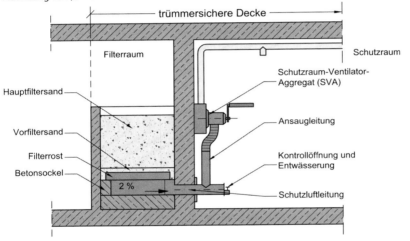

Schutzluftleitung

Für die Ansaugung der Schutzluft ist in der Trennwand zwischen Filterraum und Schutzraum eine gerade Schutzluftleitung aus Stahl mit einem lichten Durchmesser DN 150 fachgerecht einzubetonieren. Die Leitung muss schutzraumseitig mit einem Anschlussflansch ausgestattet sein, der einen kurzfristigen Anschluss des Schutzraum-Ventilator-Aggregats erlaubt.

Die Verbindung des Schutzraum-Ventilator-Aggregats mit der einbetonierten Schutzluftleitung kann durch eine schocksicher montierte Rohrleitung oder durch einen flexiblen Schlauch erfolgen.

Sandfilter

Der Sandfilter (SF) verhindert das Eindringen von radioaktivem Staub sowie von biologischen und chemischen Schadstoffen und besteht aus dem korrosionsbeständigen (mindestens feuerverzinkten) Filterrost, der mindestens 5 cm dicken Vorfiltersandschicht und der darüber liegenden 1 m hohen Hauptfiltersandschicht. Der Filterrost ist rundum auf einem Betonsockel aufzulegen. Konstruktion und Dimensionierung des Filterrostes müssen eine gleichmäßige Luftentnahme über die gesamte Sandfläche

Der Sandfilter verhindert das Eindringen von radioaktivem Staub sowie von biologischen und chemischen Schadstoffen.

gewährleisten und das Eindringen von Filtersand in die Ansaugleitung bzw. in das Schutzraum-Ventilator-Aggregat verhindern. Der freie Querschnitt der Ansaugöffnungen eines Filterrostes muss mindestens 2000 cm² je m² Sandfiltergrundfläche betragen.

Zur optischen Kontrolle der Filterrostunterseite vom Schutzraum aus ist eine verschließbare Kontrollöffnung (mindestens DN 150) vorzusehen, und der Sandfilter ist an seiner tiefsten Stelle in den Schutzraum zu entwässern. Um in der Ansaugleitung anfallendes Kondenswasser ableiten zu können, können die verschließbare Entwässerung des Sandfilters und die Kontrollöffnung mit der Schutzluftleitung zweckentsprechend kombiniert werden.

Die notwendige Sandfiltermenge – je m³ Hauptfiltersand können rd. 30 m³ Luft pro Stunde gereinigt werden – hängt von der Anzahl der Schutzplätze und der Größe des Schutzraumes ab.

Tabelle 060|5-07: Erforderliche Filtersandmenge

Anzahl der Schutzplätze		≤15	≤25	≤50
Rauminhalt	[m³]	45	75	150
Filtersand	[m³]	1,5	2,5	5,0

Bei rechnerischem Nachweis und entsprechender Anpassung des Schutzraum-Ventilator-Aggregats für die Sandfiltergröße können auch Zwischengrößen ausgeführt werden.

Filtersand

Der Vorfilter- und Hauptfiltersand sind in den „Technischen Richtlinien für Filtersand" unter Berücksichtigung des dazu herausgegebenen Zusatzes sowie den Erläuterungen zum Zusatz [25] definiert.

Schutzraum-Ventilator-Aggregat (SVA)

Das Schutzraum-Ventilator-Aggregat (SVA), auch als „Schutzlüfter" bezeichnet, dient zur Förderung der Schutzluft und der Normalluft in den Schutzraum und muss entsprechend auf die Anzahl der Schutzplätze abgestimmt sein. Es muss einen elektromotorischen Antrieb besitzen und für den Fall von Stromausfällen auch mit einer Handkurbel oder besser mit einem Fußpedalantrieb ausgestattet sein. Zur Anzeige eines zu hohen Gehaltes an Kohlenmonoxyd in der Ansaugluft ist eine Anschlussmöglichkeit für ein CO-Warngerät vorzusehen. Das Schutzraum-Ventilator-Aggregat sollte den Angaben der ÖNORM S 6020 [83] entsprechen.

Das Schutzraum-Ventilator-Aggregat dient zur Förderung der Schutzluft und der Normalluft in den Schutzraum.

Zuluftverteilung

Für eine gleichmäßige Durchlüftung des Schutzraumes sind – soweit aufgrund der Raumgeometrie erforderlich, jedenfalls bei größeren Schutzräumen – korrosionsbeständige oder mit einem Korrosionsschutz versehene Zuluftverteilungsleitungen aus Stahl zu montieren, deren Verankerungen und Befestigungen den in ÖNORM S 6072 [92] für Grundschutz angegebenen Schockbeanspruchungen (Schutzklasse S1) widerstehen.

Fortluft

Die Fortluft der Schutzluft ist über eine Fortluftleitung (2-fach abgewinkelt, einbetoniert) mit DN 100, bei Schutzräumen mit mehr als 25 bis 50 Schutzplätzen mit DN 150 oder zwei DN 100, aus dem Schutzraum abzuführen. Sie sollte möglichst im Bereich der Kloseträume angeordnet werden, um Geruchsbelästigungen im Schutzraum gering zu halten, und in Nähe der Schutzraumeingangstür nach außen geführt werden. Bei Schutzräumen mit Schleuse ist die Fortluft über die Schleuse nach außen zu führen. Am Flansch der Fortluftleitung ist schutzraumseitig ein Überdruckventil entsprechender Größe anzuordnen, mit dem im Schutzraum ein Überdruck von mindestens 50 Pa aufrechterhalten werden kann. Die Fortluftleitung der Schutzluft kann mit der natürlichen Abluftleitung kombiniert werden.

Installationen

060|5|4

Alle durch die Schutzraumumfassungsbauteile führenden Leitungen (z. B. Wasserinstallationen) müssen gasdicht und nichtbrennbar ausgeführt werden. Rohrleitungen mit mehr als 20 cm² Querschnittsfläche müssen zweifach um 90° abgewinkelt sein, wobei der Achsabstand der Abwinkelungen so lang sein muss, dass keine geradlinige Verbindung durch diese möglich ist, mindestens jedoch drei Innendurchmesser bzw. mindestens 40 cm. Im Hinblick darauf, dass Leitungen Umfassungsbauteile in Bezug auf radioaktive Strahlung schwächen, sind sie in Anzahl und Abmessung möglichst zu beschränken.

Durch Schutzraumumfassungsbauteile führende Leitungen müssen gasdicht und nichtbrennbar sein.

Wasserversorgung, Kanalisation

060|5|4|1

Im Schutzraum sollten nach Möglichkeit eine Wasserentnahmestelle und ein Ausguss angeordnet werden. Bei Durchführung einer Wasserzuleitung (≤ DN 25) muss unmittelbar nach dem Eintritt der Leitung in den Schutzraum eine Absperrarmatur angeordnet werden. Die Abwasserleitung (bzw. Kanalanschluss) muss mit einem geeigneten Absperrschieber versehen sein.

Elektrische Installationen

060|5|4|2

Schutzräume müssen an das allgemeine Stromversorgungsnetz angeschlossen sein. Die elektrischen Installationen und Anschlüsse sind in Feuchtraumausführung herzustellen. Es ist mindestens die Schutzart IP 44 einzuhalten. Dabei sind Anschlussmöglichkeiten für das Schutzraum-Ventilator-Aggregat und für eine Kochplatte vorzusehen sowie mindestens drei Steckdosen an geeigneten Stellen. Für die Beleuchtung ist vorzugsweise solche mit geringer Wärmeabgabe (z. B. Leuchtstofflampen mit Vorschaltgeräten in verlustarmer Drosselbauweise, die zumindest der Schutzart IP 54 entsprechen) zu verwenden. Die Beleuchtung ist auf eine Beleuchtungsstärke von 50 Lux auszulegen.

In Schutzräumen sind elektrische Installationen und Anschlüsse in Feuchtraumausführung herzustellen.

Bei Schutzräumen mit mehr als 25 Schutzplätzen muss das Schutzraum-Ventilator-Aggregat zusätzlich mit einem Lichtdynamo und einer Handlampe mit einem mindestens 5 m langen Verbindungskabel ausgestattet sein. Antennenanschlüsse für Rundfunk- und für Fernsehempfang sowie ein Telefonanschluss (Nebenstelle) sind anzustreben.

Gefahrdrohende Leitungen

060|5|4|3

Gefahrdrohende Leitungen wie Wasserleitungen über DN 25, Gasleitungen, Dampfleitungen, Fernheizleitungen, Druckleitungen, Ölleitungen und dergleichen dürfen weder in noch durch den Schutzraum geführt werden. Ebenso dürfen durch Schutzräume nicht geführt werden: Schornsteine (bzw. Rauch- oder Abgasfänge), Fallrohre von Dachentwässerungen sowie nicht dem Schutzraum dienende Leitungen.

Gefahrdrohende Leitungen dürfen weder in noch durch den Schutzraum geführt werden.

Nicht für den Schutzraumbetrieb erforderliche Leitungen dürfen – soweit eine Verlegung in die Schutzraumumfassungsbauteile nicht vermeidbar ist und keine Gefährdung für die Schutzrauminsassen besteht – in der äußeren Hälfte der

Umfassungsbauteile verlegt werden, wobei bei Leitungen mit einem Querschnitt von mehr als DN 50 eine örtliche Verstärkung um den Durchmesser der Leitung erforderlich ist. Ist im Zuge der Zweitverwendung des Schutzraumes eine Beheizung vorgesehen, so müssen unmittelbar schutzraumseitig die Vor- und Rücklaufleitung mit Absperrarmaturen versehen sein.

Ausstattung, Wartung

060|5|5

Die Innenflächen (Wand- und Deckenflächen) dürfen weder verputzt noch mit Fliesen oder Ähnlichem verkleidet werden. Plattenverkleidungen oder Fliesen könnten durch Abplatzen im Ernstfall zu einer Gefährdung der Insassen führen. Anstriche sind zulässig, wenn helle und wischfeste Farben Verwendung finden, die – außer in Nassbereichen – weder die Saugfähigkeit der Bauteiloberfläche beeinträchtigen noch einen hohen Dampfdiffusionswiderstand haben (z. B. Farben auf Weißzementbasis ohne organische Binder). Für Feuchträume sind auch geeignete Spachtelputze zulässig.

Die Schutzraum-innenflächen dürfen weder verputzt noch mit Fliesen oder Ähnlichem verkleidet werden.

Angaben über die im Bedarfsfall für den Aufenthalt im Schutzraum notwendigen Gebrauchsgegenstände, Selbstbefreiungs- und Reparaturwerkzeug, Erste-Hilfe-Material, Vorräte u. dgl. enthalten ÖNORM S 6070 [91] sowie der „Schutzraumratgeber" [17] und „Strahlenschutzratgeber" [15].

Einrichtung

060|5|5|1

Alle Schutzplätze sind als Liegeplätze einzurichten, wobei möglichst solche Liegen verwendet werden sollen, die auch in Sitze umrüstbar sind. Der Raum unter den Liegen bzw. Sitzen kann zur Aufbewahrung von Lebensmitteln und Trinkwasser genutzt werden. Werden keine Sitz/Liege-Kombinationen verwendet, sollten zusätzlich zu den Liegen mindestens für 25 % der Schutzplätze stapelbare Sitze und Tische vorgesehen werden. Schutzraumliegen sind in ÖNORM S 6075 [93], Schutzraumsitze in ÖNORM S 6076 [94] und Schutzraumtische in ÖNORM S 6077 [95] genormt. Kombinierte Liegen/Sitze werden in ÖNORM S 6078 [96] behandelt. Die Aufstellung hat so zu erfolgen, dass Sitze und Liegen von Wänden mindestens 5 cm Abstand haben und für Bewegungsräume eine Breite von mindestens 65 cm verbleibt.

Alle Schutzplätze sind als Liegeplätze einzurichten, wobei die Liegen auch in Sitze umrüstbar sein sollten.

Abbildung 060|5-10: Sitze und Liegen, Mindestabmessungen in cm nach ÖNORM S 6070 [91]

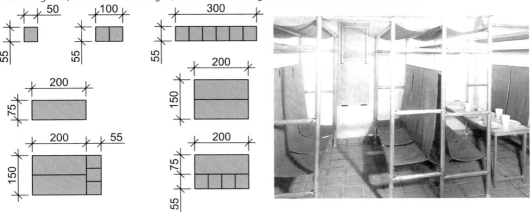

Um auch Rollstuhlfahrern die Benützung des Schutzraumes zu ermöglichen, muss mindestens ein gekennzeichneter Gang vom Haupteingang bis zu

mindestens einer Sitz- und Liegengruppe, von dort zu einer Waschgelegenheit und einem Klosett, mit einer Breite von mindestens 80 cm vorgesehen werden.

Löschhilfen

060|5|5|2

Zur raschen Bekämpfung von Entstehungsbränden im Schutzraum ist an leicht erreichbarer Stelle zumindest eine Feuerlöschdecke samt Hülle und Halterung und nach Möglichkeit ein tragbarer Feuerlöscher vorzusehen. Werden Feuerlöscher bereit gehalten, so ist darauf zu achten, dass in Schutzräumen nur Nasslöscher zulässig sind.

Kennzeichnung

060|5|5|3

Schutzräume, die der „Technischen Richtlinie für Grundschutz in Neubauten" entsprechen, sind gemäß ÖNORM S 6090 [97] zu kennzeichnen. An der Außenseite der Schutzraumtür ist die Aufschrift „Schutzraum" mit der Angabe der Anzahl der Schutzplätze in schwarzer Schrift auf gelbgrün nachleuchtendem Grund in der Größe von etwa 300 × 200 mm sowie die internationale Schutzraumkennzeichnung gemäß Genfer Abkommen, BGBl. Nr. 527/1982, anzubringen. Weiters sind Hinweise über die genaue Anschrift und das Fassungsvermögen der nächstgelegenen öffentlichen Schutzräume erforderlich.

Die Aufschrift „Schutzraum" mit der Anzahl der Schutzplätze ist an der Außenseite der Schutzraumtür anzubringen.

Abbildung 060|5-11: Türtafel und internationale Schutzraumkennzeichnung nach ÖNORM S 6090 [97]

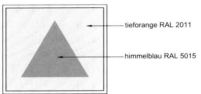

Auf dem Weg vom Erdgeschoß in den Schutzraum sind bei jeder Richtungsänderung Hinweispfeile und entlang von Treppenläufen Farbstreifen mit 5 cm Breite anzubringen. Innerhalb des Schutzraumes sind Ecken, Wandvorsprünge und dergleichen bis in eine Höhe von rd. 2 m über Fußboden sowie alle Stufen mit einem 5 cm breiten Farbstreifen zu kennzeichnen. Ebenso sind Lüfter, Abschlussventile, Überdruckventile, Türen, Notausgänge durch Farbumrandung kenntlich zu machen. Der Notausgang ist zusätzlich als solcher zu kennzeichnen. Farbstreifen, Umrandungen sowie der Untergrund der Hinweisschilder müssen gelbgrün nachleuchtend sein. Anstelle von Leuchtfarben können bei entsprechenden Eigenschaften auch normgerechte Sicherheitsfarben verwendet werden. Für Schutzräume mit weniger als 26 Schutzplätzen kann die nach ÖNORM S 6090 [97] erforderliche Sicherheitskennzeichnung außerhalb des Schutzraumes entfallen.

Zweitverwendung

060|5|5|4

Bei der Ausgestaltung eines Schutzraumes soll aus praktischen und wirtschaftlichen Erwägungen sowie vom Standpunkt der funktionsfähigen Erhaltung auf die Möglichkeit einer Zweitverwendung als Lagerraum, Abstellraum, Hobbyraum, Bastelraum, Fitnessraum oder Ähnlichem Bedacht genommen werden. Durch eine solche Zweitverwendung darf ein kurzfristiges Beziehen des Schutzraumes im Ernstfall jedoch nicht behindert werden. Alle für den Aufenthalt im Schutzraum notwendigen Einrichtungen und Vorräte sind daher bei funktionsfähigen Schutzräumen nach Möglichkeit im Schutzraum gebrauchsfähig zu lagern.

Beispiel 060|5-02: Schutzräume mit 15 bis 50 Schutzplätzen [32]

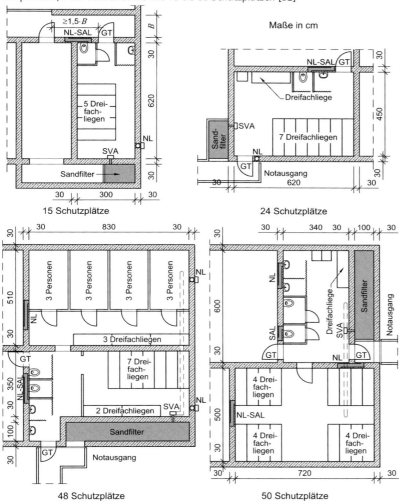

15 Schutzplätze

24 Schutzplätze

48 Schutzplätze

50 Schutzplätze

Abnahme

Nach Fertigstellung eines Schutzraumes ist eine Abnahme von hierzu Befugten durchführen zu lassen. Dabei ist darauf zu achten, dass alle Bestimmungen in Bezug auf Planung und Ausführung erfüllt sind und der Nachweis der Funktionsfähigkeit in allen Teilen erbracht wird. Die Erfüllung der an Abschlüsse, Belüftungsanlage, Installationen, Einrichtung und Ausstattung gestellten Anforderungen ist je nach Fertigstellungs- und Ausbaugrad durch Prüfatteste nachzuweisen. Zur Funktionskontrolle der Belüftungsanlage sind bei Schutzluftbetrieb der Überdruck und die geforderte Luftmenge zu messen und die Werte in einem Abnahmeprotokoll festzuhalten.

Wartung

060|5|5|6

Fertig gestellte Schutzräume müssen in funktionsfähigem Zustand gehalten werden, damit sie im Bedarfsfall auch bezogen werden können. Sie sollten daher im Hinblick auf eine lange Lebensdauer der Einrichtung und Ausstattung einer regelmäßigen Überprüfung und Wartung unterzogen werden. Um dies zu dokumentieren, ist im Schutzraum ein Prüf- und Wartungsbuch aufzulegen, in welches alle Überprüfungen, Wartungs- und Instandhaltungsarbeiten sowie jeder Probebetrieb einzutragen sind. Hinweise für Prüf- und Kontrollintervalle sowie Prüf- und Kontrollumfang enthalten die „Technischen Richtlinien für die Wartung von Schutzräumen" [24].

Schutzräume sollten einer regelmäßigen Überprüfung und Wartung unterzogen werden.

Sicherheitsräume

060|5|6

Unter einem „Sicherheitsraum (SiR)" oder Sicherheitswohnung (mit eingebautem Filter) versteht man einen Wohn- oder Kellerraum bzw. mehrere zusammenhängende Räume, bei denen mithilfe eines speziellen Filtergerätes (Teilschutz-Belüftungsanlage) Außenluft angesaugt, von gesundheitsgefährdenden Aerosolen und radioaktiven Teilchen gereinigt und in den Sicherheitsraum gefördert wird. Mit der durch die Teilschutz-Belüftungsanlage in den Sicherheitsraum eingeblasenen Luft entsteht im Raum ein Überdruck, sodass auch bei kleinen Undichtheiten des Raumes (z. B. Türspalt), selbst bei Wind, keine verunreinigte Außenluft in den Raum gelangt. Größere Luftöffnungen wie z. B. Abluftöffnungen müssen im Ernstfall mit Kunststofffolie und Klebestreifen abgedichtet werden.

Das Schutzkonzept des Sicherheitsraumes wurde als Schutzvorkehrung gegen gesundheitsschädliche Luftschadstoffe in der Außenluft, insbesondere bei Kernkraftwerksunfällen, entwickelt, um bei vertretbarem Aufwand größtmöglichen Schutz zu bieten. Der Schutzumfang von Sicherheitsräumen ist mit jenem von Schutzräumen natürlich nicht vergleichbar. Sicherheitsräume können auch bei günstigen baulichen Gegebenheiten nur einen Teilschutz bieten. Je nach Lage und Bauweise ist ein Schutzfaktor gegen nukleare Rückstandsstrahlung von 1/20 bis 1/100 erreichbar [15].

Sicherheitsräume bieten auch bei günstigen baulichen Gegebenheiten nur einen Teilschutz.

Die Anforderungen an Sicherheitsräume und Teilschutz-Belüftungsanlagen sind in den vom Bundesministerium für Wirtschaft und Arbeit herausgegebenen „Technischen Richtlinien für den Einbau von Teilschutz-Belüftungsanlagen" [28] und „Technischen Richtlinien für die Anforderungen an und Prüfung von Teilschutz- Belüftungsanlagen" [29] festgelegt.

Auswahl des Sicherheitsraumes

060|5|6|1

Als Sicherheitsräume sind bevorzugt Räume mit massiven Umfassungsbauteilen geeignet. Räume mit Wänden und Decken in Leichtbauweise sowie Räume mit geringem Abstand zum Dach oder anderen Außenflächen, auf denen sich radioaktiver Staub ablagern kann, sollten vermieden werden. Als Sicherheitsräume besonders geeignet sind beispielsweise Kellerräume. Bei der Auswahl des Sicherheitsraumes ist weiters zu beachten, dass der Raum keine unverschließbaren Öffnungen aufweist (z. B. Rauchfang- oder Abgasfanganschlüsse), die nicht abgedichtet werden können, die Fensterflächen möglichst nur an einer Raumseite liegen und möglichst gering sind und bei Vorhandensein einer mechanischen Abluftanlage diese im Anlassfall abgeschaltet werden kann.

Die Raumgröße hat der anzunehmenden Zahl Schutz suchender Personen zu entsprechen. Für einen längeren Aufenthalt (ein bis mehrere Tage) sollten mindestens 2 m² pro Person zur Verfügung stehen. Für einen kurzfristigen Aufenthalt (Stunden) ist auch eine Belegung mit bis zu 1 Person pro m² möglich.

Teilschutz–Belüftungsanlage

060|5|6|2

Die Teilschutz-Belüftungsanlage (TBA) besteht im Wesentlichen aus den Funktionskomponenten Aktivkohlefilter (Gasfilter), Schwebstofffilter und elektrisch betriebenem Ventilator, die in einem gemeinsamen Gehäuse (Kompaktbauweise) oder getrennt angeordnet sein können. Mit der Teilschutz-Belüftungsanlage, die im Sicherheitsraum nach den Einbauvorschriften des Herstellers zu montieren ist, wird verunreinigte Außenluft angesaugt, gereinigt und in den Sicherheitsraum gefördert, wobei je nach Dichtheit des Sicherheitsraumes, der Leistung der Teilschutz-Belüftungsanlage und den herrschenden Windverhältnissen ein oder mehrere Räume mit gereinigter Außenluft versorgt werden können. Ein zeitweises Mitbenützen von Bad, WC und Küche ist bei entsprechender Abdichtung der Lüftungsöffnungen möglich.

Tabelle 060|5-08: Teilschutz-Belüftungsanlagen [28]

Type	Schutzluft [m³/h]	Druckerhöhung [Pa]	Anzahl der geschützten Personen dauernd	kurzfristig
TBA 60 [1]	60	100	10	20
TBA 150	150	250	25	50
TBA 300	300	250	50	100
TBA 600	600	250	100	200

1) Eine TBA 60 darf nur in Sicherheitsräume eingebaut werden, wenn alle Fenster in einer Wand angeordnet sind, die gesamte Fugenlänge aller Fenster nicht mehr als 10 m und die Fugenlänge der Tür nicht mehr als 6 m beträgt, bei den Fenstern die normgemäß zulässige Fugen-Luftdurchlässigkeit nicht überschritten und die Luftansaugöffnung für die TBA in der Fensterwand angeordnet wird.

Die Teilschutz-Belüftungsanlage (TBA) muss für den Dauerbetrieb ausgelegt sein und ist so zu dimensionieren, dass ein ununterbrochener Betrieb des Schwebstofffilters von mindestens zwei Wochen ohne Wartungsarbeiten und ohne Filtertausch möglich ist. Sie muss eine Mindestluftmenge von 6 m³ pro Person und Stunde sowie einen stündlichen Luftwechsel sicherstellen. Die Zuluft für die Teilschutz-Belüftungsanlage ist grundsätzlich aus dem Freien anzusaugen. Für die Lufteintrittsseite müssen wahlweise Anschlussvarianten für den Anschluss an eine Maueröffnung, an ein Fenster (oder einem speziell ausgebildeten zusätzlichen Fensterflügel) oder an ein bauseits vorhandenes Rohr entsprechender Größe möglich sein.

Dimensionierungsgrundlagen einer Teilschutz-Belüftungsanlage [28]

Wind erzeugt an und in einem Gebäude unterschiedliche Druckverhältnisse. Den Überlegungen für die Dimensionierung wird ein Wind von 50 km/h zu Grunde gelegt. Die Windgeschwindigkeit im österreichischen Bundesgebiet liegt in 99 % der Zeit unter diesem Grenzwert. An der dem Wind zugewandten Seite eines Gebäudes entsteht aufgrund dieser Windverhältnisse ein Windstaudruck von 116 Pa, womit sich ein Winddruck von 93 Pa ermitteln lässt, an den Seiten, die parallel zu der Windrichtung liegen, entsteht ein Unterdruck von 70 Pa und an der dem Wind abgewandten Seite ein Unterdruck von 46 Pa. Im Gebäudeinneren ergibt sich ein mittlerer Unterdruck von 29 Pa. Um ein Eindringen verunreinigter Außenluft zu verhindern, ist ein Überdruck von 50 Pa gegen den Außendruck auf allen Seiten sicherzustellen. Im Sicherheitsraum, der gegenüber den anderen

Mit der Teilschutz-Belüftungsanlage wird verunreinigte Außenluft mit Filtern gereinigt und in den Sicherheitsraum gefördert.

Um ein Eindringen verunreinigter Außenluft zu verhindern, ist ein Überdruck gegen den Außendruck auf allen Seiten sicherzustellen.

Räumen abgedichtet ist, ergibt sich der erforderliche Innendruck aus dem höchsten Außendruck zuzüglich 50 Pa, im Regelfall sind das 93 Pa + 50 Pa = 143 Pa. Die anderen Räume der Wohnung, die nicht so gut abgedichtet sind, haben einen durchschnittlichen Raumunterdruck von 29 Pa. Für verschiedene Fälle von Windrichtung und Lage des Sicherheitsraumes kann nun jener Volumenstrom errechnet werden, der durch das Fenster und die Türe entweicht. Der größte erforderliche Gesamtvolumenstrom ergibt sich in dem Fall, in dem die Windrichtung mit der Ansaugrichtung ident ist. Aus Fugenlänge und Druckdifferenz von Fenstern und Türen errechnet sich dann ein Luftvolumenstrom, der durch die Teilschutz-Belüftungsanlage (TBA) abgedeckt werden muss.

Abbildung 060|5-12: Druckverhältnisse zufolge Wind mit 50 km/h

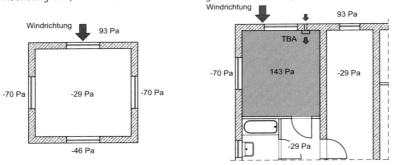

Beispiele für die Auswahl und Bemessung von Teilschutz-Belüftungsanlagen (TBA) sind in den „Technische Richtlinien für den Einbau von Teilschutz-Belüftungsanlagen" [28] enthalten.

Beispiel 060|5-03: Dimensionierung Teilschutz-Belüftungsanlage [28]

Sicherheitsraum mit TBA 150:
Fenster 1: Fugenlänge 5,4 m, Druckdifferenz 50 Pa
      Luftdurchlässigkeit: 2,71 m³/(h.m)
      → 5,40 x 2,71 = 14,63 m³/h
Fenster 2: Fugenlänge 5,4 m, Druckdifferenz 213 Pa
      Luftdurchlässigkeit: 7,00 m³/(h.m)
      → 5,40 x 7,00 = 37,80 m³/h
Innentür: Fugenlänge 5,7 m, Druckdifferenz 172 Pa
      Luftdurchlässigkeit 6,20 m³/(h.m)
      → 5,7 x 6,20 = 35,34 m³/h
Luftvolumenstrom gesamt = 14,63 + 37,80 + 35,34 = 87,77 m³/h <150 m³/h
      Raumvolumen: 3,5 x 4,0 x 2,6 = 36,4 m³ <60 m³
      damit erforderlich: TBA 150

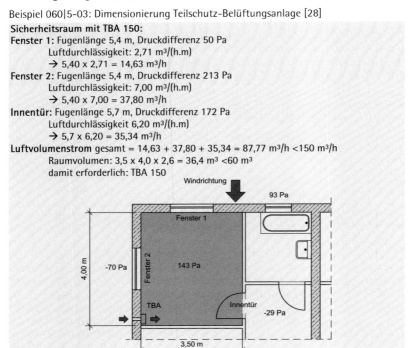

Quellennachweis

FH-Hon.Prof. Dipl.-Ing. Dr. Anton PECH – WIEN (A)
Autor und Herausgeber
Bilder: 060|2-01, 060|2-04, 060|2-13 und 14, 060|2-32 bis 35, 060|3-15 bis 29, 060|4-06, 060|4-16, 060|4-25

o.Univ-Prof. Dipl.-Ing. Dr. Andreas KOLBITSCH – WIEN (A)
Autor

Dipl.-Ing. Dr. Franz ZACH – WIEN (A)
Kritische Durchsicht des Manuskripts und Mitarbeit

Dipl.-Ing. Johann HARM – ST. PÖLTEN (A)
Bearbeitung von Kapitel 5: Schutzräume der 1. Auflage

em. O.Univ.-Prof. Baurat hc. Dipl.-Ing. Dr. Alfred PAUSER – WIEN (A)
Fachtechnische Beratung und Durchsicht des Manuskripts der 1. Auflage

Dipl.-Ing. Dr. Christian PÖHN – WIEN (A)
Bauphysikalische Berechnungen zur 1. Auflage

Dipl.-Ing. Dr. Klaus POHLPLATZ – WIEN (A)
Mitarbeit an den Kapiteln 3 und 4 der 1. Auflage
Bilder: 060|3-02, 060|3-04 bis 06, 060|3-08 und 09, 060|3-114, 060|4-09, 060|4-17 und 18, 060|4-22, 060|4-24

Eva-Elisabeth PECH, Dipl.-Ing. Kilian HABLE – WIEN (A)
Layout, Zeichnungen, Grafiken, Bildformatierungen

Sabine PECH – WIEN (A)
Layout, Lektorat Herausgeber

Dipl.-Ing.(FH) Peter HERZINA – WIEN (A)
Bilder: 060|2-03, 060|2-05, 060|2-08 und 09, 060|2-11 und 12, 060|2-27 und 28, 060|3-01, 060|4-01 bis 05, 060|4-14, 060|4-21, 060|4-26 bis 28

Bmst. Ing. Christian PESCHEK – WIEN (A)
Bilder: 060|2-06, 060|2-15 bis 26, 060|3-07

Martin GRASSLER – FH-BAU WIEN (A)
Bild: 060|2-02

Georg HAFENSCHER – FH-BAU WIEN (A)
Bild: 060|2-10

Michael ANDROSCH – FH-BAU WIEN (A)
Bild: 060|3-03

Anton RATKOVIC – FH-BAU WIEN (A)
Bild: 060|4-08

Stefan PANY – FH-BAU WIEN (A)
Bild: 060|4-15

Arnold GALLOWITSCH – FH-BAU WIEN (A)
Bild: 060|4-20

Daniel KERNEGGER – FH-BAU WIEN (A)
Bild: 060|3-10

Moritz WILFING – FH-BAU WIEN (A)
Bilder: 060|3-12 und 13

Fabia KUHNERT – FH-BAU WIEN (A)
Bild: 060|3-31

Matthias SPONNER – FH-BAU WIEN (A)
Bild: 060|3-36

Martin ECKER – FH-BAU WIEN (A)
Bild: 060|4-11

Mario PERIC – FH-BAU WIEN (A)
Bild: 060|4-12

Angelika HILLER – FH-BAU WIEN (A)
Bild: 060|4-19

Fa. Lawugger-Zormann Baustoffhandel GmbH. – UNTERPREMSTÄTTEN (A)
Bilder: 060|2-07, 060|3-30, 060|3-32 bis 35, 060|4-07, 060|4-10, 060|4-13

Verband Österreichischer Ziegelwerke – WIEN (A)
Bilder: 060|2-29 bis 31

Fa. Nirotec Aschl GmbH. – PICHL BEI WELS (A)
Bild: 060|4-23

Fa. contec Bausysteme GmbH. – PORTA WESTFALICIA (D)
Bilder zu Beispiel: 060|3-02
Vorlage zu Abbildung: 060|3-21

Literaturverzeichnis

FACHBÜCHER

[1]   *Ansorge:* Bauwerksabdichtung gegen von außen und innen angreifende Feuchte. Fraunhofer IRB Verlag, Stuttgart. 2005

[2]   *Brandt, Lohmeyer, Wolf:* Keller richtig gebaut. Beton-Verlag, Düsseldorf. 1984

[3]   *Cziesielski:* Lufsky Bauwerksabdichtung. Teubner, Berlin. 2001

[4]   *Klawa, Haack:* Tiefbaufugen – Fugen und Fugenkonstruktionen im Beton- und Stahlbetonbau. Ernst & Sohn, Köln. 1990

[5]   *Lohmeyer:* Weiße Wannen – einfach und sicher. Verlag Bau + Technik, Düsseldorf. 2000

[6]   *Pech, Pöhn:* Baukonstruktionen Band 1: Bauphysik. Birkhäuser, Basel. 2018

[7]   *Pech, Kolbitsch, Zach:* Baukonstruktionen Band 2: Tragwerke. Birkhäuser, Basel. 2018

[8]   *Pech, Würger:* Baukonstruktionen Band 3: Gründungen. Birkhäuser, Basel. 2020

[9]   *Pech, Kolbitsch:* Baukonstruktionen Band 4: Wände. Birkhäuser, Basel. 2019

[10]   *Pech, Kolbitsch, Zach:* Baukonstruktionen Band 5: Decken. Birkhäuser, Basel. 2020

[11]   *Pech, Hubner, Zach:* Baukonstruktionen Band 9: Flachdach. Birkhäuser, Basel. 2021

[12]   *Pech, Kolbitsch:* Baukonstruktionen Band 10: Treppen/Stiegen. Springer-Verlag, Wien. 2005

[13]   *Pech, Jens:* Baukonstruktionen Band 15: Heizung und Kühlung. Springer-Verlag, Wien. 2005

[14]   *Recknagel, Sprenger, Schramek:* Taschenbuch für Heizung + Klimatechnik 2000.

GESETZE, RICHTLINIEN

[15]   *Bundesministerium für Inneres:* Strahlenschutzratgeber. Wien. 1996

[16]   *Bundesministerium für Verkehr, Bau- und Wohnungswesen:* Hochwasserschutzfibel – Planen und Bauen von Gebäuden in hochwassergefährdeten Gebieten. Berlin. 2003

[17]   *Bundesministerium für wirtschaftliche Angelegenheiten; Bundesministerium für Inneres und Österreichischer Zivilschutzverband:* Schutzraumratgeber. Wien. 2001

[18]   *Huber:* Wasserdicht bauen mit Beton. Zement + Beton GmbH, Wien. 1992

[19]   *Kolbitsch:* Zement + Beton – Kellerbauen Plus. Zement + Beton GmbH, Wien. 2003

[20]   *Pech:* Schutzräume – Grundschutz durch Einzelschutzräume. TU Wien, Institut für Hochbau und Industriebau, Wien. 1992

[21]   *Bauordnung für Wien:* LGBl. Nr. 11/1930, zuletzt geändert durch LGBl. Nr. 71/2018. Wien. 2018-12-27

[22]   *Bundesministerium für Bauten und Technik:* Empfehlungen zur Ausbildung von Arbeitsfugen beim Bau von Schutzräumen. Wien. 1986

[23]   *Bundesministerium für Bauten und Technik:* Technische Richtlinien für die generelle Schutzraumplanung der Gemeinden. Wien. 1983

[24]   *Bundesministerium für Bauten und Technik:* Technische Richtlinien für die Wartung von Schutzräumen. Wien. 1982

[25]   *Bundesministerium für Bauten und Technik:* Technische Richtlinien für Filtersand (inkl. Zusatz zu den Technischen Richtlinien, 2002, und den Erläuterungen zum Zusatz, 2002). Wien. 1977

[26]   *Bundesministerium für Bauten und Technik:* Technische Richtlinien für Luftstoß-Schutzbauten. Wien. 1982

[27]   *Bundesministerium für Bauten und Technik:* Technische Richtlinien für Sammelschutzräume. Wien. 1972

[28]   *Bundesministerium für Wirtschaft und Arbeit:* Technische Richtlinien für den Einbau von Teilschutz-Belüftungsanlagen. Wien. 2005

[29]   *Bundesministerium für Wirtschaft und Arbeit:* Technische Richtlinien für die Anforderungen an und Prüfung von Teilschutz-Belüftungsanlagen. Wien. 2005

[30]   *Bundesministerium für wirtschaftliche Angelegenheiten:* Technische Richtlinien für die Anordnung mehrerer Schutzräume in einem Raumverband. Wien. 1999

[31]   *Bundesministerium für wirtschaftliche Angelegenheiten:* Technische Richtlinien für Grundschutz in bestehenden Gebäuden. Wien. 1992

[32]   *Bundesministerium für wirtschaftliche Angelegenheiten:* Technische Richtlinien für Grundschutz in Neubauten. Bundesministerium für wirtschaftliche Angelegenheiten. Wien. 1995

[33]   *Bundesministerium für wirtschaftliche Angelegenheiten:* Technische Richtlinien für Schutzräume mittlerer Größe. Wien. 1987

[34]   *Burgenländische Schutzraumverordnung (LGBl. Nr. 27/1985)* Eisenstadt. 1985

[35]   *Leitlinie ETAG 005:* Flüssig aufzubringende Dachabdichtungen. 2003

[36]   *Österreichische Bautechnik Vereinigung (ÖBV):* Bentonitgeschützte Betonbauwerke – Braune Wannen. ÖBV, Wien. 2019-07-01

[37]   *Österreichische Bautechnik Vereinigung (ÖBV):* Wasserundurchlässige Betonbauwerke – Weiße Wannen. ÖBV, Wien. 2018-02-01

[38]   *OIB-Richtlinien:* Begriffsbestimmungen. Österreichisches Institut für Bautechnik, Wien. 2019-04-12

[39]   *OIB-Richtlinie 1:* Mechanische Festigkeit und Standsicherheit. Österreichisches Institut für Bautechnik, Wien. 2019-04-12

[40]   *OIB-Richtlinie 2:* Brandschutz. Österreichisches Institut für Bautechnik, Wien. 2019-04-12

[41]   *OIB-Richtlinie 3:* Hygiene, Gesundheit und Umweltschutz. Österreichisches Institut für Bautechnik, Wien. 2019-04-12

[42]   *OIB-Richtlinie 4:* Nutzungssicherheit und Barrierefreiheit. Österreichisches Institut für Bautechnik, Wien. 2019-04-12

[43]   *OIB-Richtlinie 5:* Schallschutz. Österreichisches Institut für Bautechnik, Wien. 2019-04-12

[44]   *OIB-Richtlinie 6:* Energieeinsparung und Wärmeschutz. Österreichisches Institut für Bautechnik, Wien. 2019-04-12

[45]   *Richtlinie für die Planung und Ausführung von Abdichtungen erdberührter Bauteile mit flexiblen Dichtungsschlämmen*

[46]   *Richtlinie für Planung und Ausführung mit kunststoffmodifizierten Bitumendickbeschichtungen (KMB) – erdberührte Bauteile*

[47]   *RVS 08.07.03:* Abdichtung und Fahrbahn auf Brücken und anderen Verkehrsflächen aus Beton. Österreichische Forschungsgesellschaft Straße-Schiene-Verkehr, Wien. 2015-09-01

[48]   *Salzburger Schutzraumverordnung (LGBl. Nr. 1/1978, 55/1978, 32/1996)* Salzburg. 1996

[49]   *VÖB Richtlinie:* Wasserundurchlässige Betonbauwerke in Fertigteilbauweise. VÖB, Wien. 2011-08

[50]   *Vorarlberger Schutzraumverordnung (LGBl. Nr. 33/1983, 19/1987)* Bregenz. 1987

NORMEN

[51]   *DIN 4095:* Baugrund; Dränung zum Schutz baulicher Anlagen; Planung, Bemessung und Ausführung. Deutsches Institut für Normung, Berlin. 1990-06

[52]   *DIN 4096:* Luft- und Raumfahrt – Hochwarmfeste Legierung NI-CD1401 (NiCo10W10Cr9Al6Ta3), vakuumerschmolzen, nicht wärmebehandelt – Gussvormaterial. Deutsches Institut für Normung, Berlin. 1998-05

[53]   *DIN 18195-1:* Bauwerksabdichtungen – Teil 1: Grundsätze, Definitionen, Zuordnung der Abdichtungsarten. Deutsches Institut für Normung, Berlin. 2011-12-01 zurückgezogen

[54]   *DIN 18195-4:* Bauwerksabdichtungen – Teil 4: Abdichtungen gegen Bodenfeuchte (Kapillarwasser, Haftwasser) und nichtstauendes Sickerwasser an Bodenplatten und Wänden, Bemessung und Ausführung. Deutsches Institut für Normung, Berlin. 2011-12-01 zurückgezogen

[55]   *DIN 18195-6:* Bauwerksabdichtungen – Teil 6: Abdichtungen gegen von außen drückendes Wasser und aufstauendes Sickerwasser; Bemessung und Ausführung. Deutsches Institut für Normung, Berlin. 2000-08

[56]   *DIN 18202:* Toleranzen im Hochbau – Bauwerke. Deutsches Institut für Normung, Berlin. 2019-07

[57]   *ÖNORM B 2204:* Ausführung von Bauteilen – Werkvertragsnorm. Österreichisches Normungsinstitut, Wien. 2021-01-01

[58]   *ÖNORM B 2209:* Bauwerksabdichtungsarbeiten – Werkvertragsnorm. Österreichisches Normungsinstitut, Wien. 2014-11-15

[59]   *ÖNORM B 3664:* Abdichtungsbahnen – Kunststoffbahnen für die Bauwerksabdichtung gegen Bodenfeuchte und Wasser - Nationale Umsetzung der ÖNORM EN 13967. Österreichisches Normungsinstitut, Wien. 2019-04-15

[60]   *ÖNORM B 3665:* Abdichtungsbahnen – Bitumenbahnen für die Bauwerksabdichtung gegen Bodenfeuchte und Wasser - Nationale Umsetzung der ÖNORM EN 13969. Österreichisches Normungsinstitut, Wien. 2015-04-15

[61]   *ÖNORM B 3669:* Abdichtungsbahnen – Bitumen-Mauersperrbahnen - Nationale Umsetzung der ÖNORM EN 14967. Österreichisches Normungsinstitut, Wien. 2009-11-01

[62]   *ÖNORM B 1991-1-1:* Eurocode 1: Einwirkungen auf Tragwerke – Teil 1-1: Allgemeine Einwirkungen – Wichten, Eigengewicht, Nutzlasten im Hochbau – Nationale Festlegungen zu ÖNORM EN 1991-1-1 und nationale Ergänzungen. Österreichisches Normungsinstitut, Wien. 2017-02-01

[63]   *ÖNORM B 1992-1-1:* Eurocode 2 – Bemessung und Konstruktion von Stahlbeton- und Spannbetontragwerken – Teil 1-1: Grundlagen und Anwendungsregeln für den Hochbau – Nationale Festlegungen zu ÖNORM EN 1992-1-1, nationale Erläuterungen und nationale Ergänzungen. Österreichisches Normungsinstitut, Wien. 2018-01-01

[64] *ÖNORM B 1996-1-1:* Eurocode 6 – Bemessung und Konstruktion von Mauerwerksbauten – Teil 1-1: Allgemeine Regeln für bewehrtes und unbewehrtes Mauerwerk – Nationale Festlegungen zur ÖNORM EN 1996-1-1. Österreichisches Normungsinstitut, Wien. 2016-07-01

[65] *ÖNORM B 1996-3:* Eurocode 6 – Bemessung und Konstruktion von Mauerwerksbauten – Teil 3: Vereinfachte Berechnungsmethoden für unbewehrte Mauerwerksbauten – Nationale Festlegungen und Ergänzungen zur ÖNORM EN 1996-3. Österreichisches Normungsinstitut, Wien. 2016-07-01

[66] *ÖNORM B 2209-1:* Abdichtungsarbeiten – Werkvertragsnorm – Teil 1: Bauwerke. Österreichisches Normungsinstitut, Wien. 2002-07-01 zurückgezogen

[67] *ÖNORM B 2209-2:* Abdichtungsarbeiten – Werkvertragsnorm. Österreichisches Normungsinstitut, Wien. 2002-07-01 zurückgezogen

[68] *ÖNORM B 3346:* Putzmörtel – Regeln für die Verwendung und Verarbeitung – Nationale Ergänzungen zu den ÖNORMEN EN 13914-1 und -2. Österreichisches Normungsinstitut, Wien. 2019-03-15

[69] *ÖNORM B 3691:* Planung und Ausführung von Dachabdichtungen. Österreichisches Normungsinstitut, Wien. 2019-05-01

[70] *ÖNORM B 3692:* Planung und Ausführung von Bauwerksabdichtungen. Österreichisches Normungsinstitut, Wien. 2014-11-15

[71] *ÖNORM B 3800-4:* Brandverhalten von Baustoffen und Bauteilen – Teil 4: Bauteile: Einreihung in die Brandwiderstandsklassen. Österreichisches Normungsinstitut, Wien. 2000-05-01 zurückgezogen

[72] *ÖNORM B 4710-1:* Beton – Teil 1: Festlegung, Herstellung, Verwendung und Konformitätsnachweis (Regeln zur Umsetzung der ÖNORM EN 206-1 für Normal- und Schwerbeton). Österreichisches Normungsinstitut, Wien. 2018-01-01

[73] *ÖNORM B 7209:* Abdichtungsarbeiten für Bauwerke – Verfahrensnorm. Österreichisches Normungsinstitut, Wien. 2002-07-01 zurückgezogen

[74] *ÖNORM EN 1991-1-1:* Eurocode 1: Einwirkungen auf Tragwerke – Teil 1-1: Allgemeine Einwirkungen – Wichten, Eigengewicht und Nutzlasten im Hochbau (konsolidierte Fassung). Österreichisches Normungsinstitut, Wien. 2011-09-01

[75] *ÖNORM EN 1992-1-1:* Eurocode 2 – Bemessung und Konstruktion von Stahlbeton- und Spannbetontragwerken – Teil 1-1: Grundlagen und Anwendungsregeln für den Hochbau (prEN 1992-1-1:2003, nicht beigelegt). Österreichisches Normungsinstitut, Wien. 2015-02-15

[76] *ÖNORM EN 1996-1-1:* Eurocode 6 – Bemessung und Konstruktion von Mauerwerksbauten – Teil 1-1: Allgemeine Regeln für bewehrtes und unbewehrtes Mauerwerk (konsolidierte Fassung). Österreichisches Normungsinstitut, Wien. 2013-01-01

[77] *ÖNORM EN 1996-3:* Eurocode 6 – Bemessung und Konstruktion von Mauerwerksbauten – Teil 3: Vereinfachte Berechnungsmethoden für unbewehrte Mauerwerksbauten (konsolidierte Fassung). Österreichisches Normungsinstitut, Wien. 2016-07-01

[78] *ÖNORM EN 13501-1:* Klassifizierung von Bauprodukten und Bauarten zu ihrem Brandverhalten – Teil 1: Klassifizierung mit den Ergebnissen aus den Prüfungen zum Brandverhalten von Bauprodukten. Österreichisches Normungsinstitut, Wien. 2020-01-15

[79] *ÖNORM EN 15814:* Kunststoffmodifizierte Bitumendickbeschichtungen zur Bauwerksabdichtung – Wasserbeständigkeit. Österreichisches Normungsinstitut, Wien. 2011-05-15

[80] *ÖNORM EN ISO 20023:* Biogene Festbrennstoffe – Sicherheit von Pellets aus biogenen Festbrennstoffen – Sicherer Umgang und Lagerung von Holzpellets in häuslichen- und anderen kleinen Feuerstätten. Österreichisches Normungsinstitut, Wien. 2019-05-01

[81] *ÖNORM ONR 23303:* Prüfverfahren Beton (PVB) – Nationale Anwendung der Prüfnormen für Beton und seiner Ausgangsstoffe. Österreichisches Normungsinstitut, Wien. 2010-09-01

[82] *ÖNORM S 6001:* Schutzräume – Begriffsbestimmungen. Österreichisches Normungsinstitut, Wien. 1994-09-01 zurückgezogen

[83] *ÖNORM S 6020:* Schutzräume – Schutzraum-Ventilator-Aggregate – SVA – Normkennzeichnung. Österreichisches Normungsinstitut, Wien. 1999-03-01 zurückgezogen

[84] *ÖNORM S 6021:* Schutzräume – Schutzraum-Überdruckventile (ÜV) – Anforderungen, Prüfung, Normkennzeichnung. Österreichisches Normungsinstitut, Wien. 1997-01-01 zurückgezogen

[85] *ÖNORM S 6022:* Schutzräume – Schutzraum-Explosionsschutzventile (ESV) – Anforderungen, Prüfung, Normkennzeichnung. Österreichisches Normungsinstitut, Wien. 1997-01-01 zurückgezogen

[86] *ÖNORM S 6023:* Schutzräume – Schutzraum-Überdruck-Explosionsschutzventile (ÜV-ESV) – Anforderungen, Prüfung, Normkennzeichnung. Österreichisches Normungsinstitut, Wien. 1997-01-01 zurückgezogen

[87] *ÖNORM S 6050:* Schutzraumtüren GT. Österreichisches Normungsinstitut, Wien. 1994-09-01 zurückgezogen

[88] *ÖNORM S 6051:* Schutzraumtüren DT. Österreichisches Normungsinstitut, Wien. 1994-09-01 zurückgezogen

[89]   *ÖNORM S 6052:* Schutzräume – Schutzraum-Notausstiegsklappen – NAKL – Anforderungen, Prüfung, Normkennzeichnung. Österreichisches Normungsinstitut, Wien. 1995-03-01 zurückgezogen

[90]   *ÖNORM S 6053:* Schutzräume – Schiebewände – Planung, Berechnung und Prüfungen. Österreichisches Normungsinstitut, Wien. 1996-06-01 zurückgezogen

[91]   *ÖNORM S 6070:* Ausstattung von Schutzräumen – Einrichtung, Geräte und Gebrauchsgegenstände. Österreichisches Normungsinstitut, Wien. 1994-09-01 zurückgezogen

[92]   *ÖNORM S 6072:* Einrichtung von Schutzräumen – Schockprüfung und Kriterien für schockgeprüfte Gegenstände zur Schutzraumausstattung. Österreichisches Normungsinstitut, Wien. 1991-11-01 zurückgezogen

[93]   *ÖNORM S 6075:* Einrichtung von Schutzräumen – Schutzraumliegen – Anforderungen, Prüfungen, Normkennzeichnung. Österreichisches Normungsinstitut, Wien. 1994-09-01 zurückgezogen

[94]   *ÖNORM S 6076:* Einrichtung von Schutzräumen – Schutzraumsitze – Anforderungen, Prüfungen, Normkennzeichnung. Österreichisches Normungsinstitut, Wien. 1994-09-01 zurückgezogen

[95]   *ÖNORM S 6077:* Einrichtung von Schutzräumen – Schutzraumtische – Anforderungen, Prüfungen, Normkennzeichnung. Österreichisches Normungsinstitut, Wien. 1994-09-01 zurückgezogen

[96]   *ÖNORM S 6078:* Einrichtung von Schutzräumen – Liege/Sitz-Kombinationen – Anforderungen, Prüfungen, Normkennzeichnung. Österreichisches Normungsinstitut, Wien. 1996-02-01 zurückgezogen

[97]   *ÖNORM S 6090:* Schutzraumkennzeichnung. Österreichisches Normungsinstitut, Wien. 1994-09-01 zurückgezogen

PROSPEKTE

[98]   *Bauernfeind GmbH.* Waizenkirchen (A).

[99]   *Sika Deutschland GmbH.* Stuttgart (D).

Sachverzeichnis

Autoren

FH–Hon.Prof. Dipl.-Ing. Dr. techn. Anton PECH

war über zehn Jahre in universitärer Forschung und Lehre mit den Forschungsschwerpunkten Mauerwerk und Altbausanierung tätig, geschäftsführender Gesellschafter der Dr. PECH Ziviltechnikergesellschaft mbH, gerichtlich beeideter und zertifizierter Sachverständiger für Bauschäden, Mauerwerkskonstruktionen, Mauerwerkstrockenlegung und historische Konstruktionen sowie Univ.-Lektor und FH-Honorarprofessor für Baukonstruktionen und Sanierungstechnik, ist Mitarbeiter in Normungsgremien und Verfasser von Fachbüchern.

Univ.-Prof. Dipl.-Ing. Dr. techn. Andreas KOLBITSCH

studierte und dissertierte an der Technischen Universität Wien im Fachbereich Bauingenieurwesen und war anschließend 6 Jahre in universitärer Lehre und Forschung tätig. Seit 1999 ist er Ordinarius für Hochbau an der TU-Wien, Fakultät für Bauingenieurwesen. Seine praktischen Tätigkeiten – technisches Büro für Stahlbau und Bauphysik sowie Zivilingenieurbüro für Bauwesen – erstrecken sich vor allem auf die Gebiete des klassischen Hochbaus und der konstruktiven Altbausanierung.